人間とは何か

黒川白雲
Hakuun Kurokawa

幸福の科学教学の新しい地平

まえがき

「人間は、自分自身にとって、自然のなかでの最も驚異に値する対象なのである。なぜなら、人間は、身体が何であるかを理解できず、なおさらのこと精神が何であるかを理解できない」——これはパスカルの『パンセ』（前田他訳，１９７３）の有名な一節ですが、人間にとって最も未知なる存在こそ、「人間」にほかなりません。

古代ギリシャのソクラテス以来、あらゆる哲学や学問が、「人間とは何か」という命題に挑んできました。しかしながら、学問から宗教が切り離され、唯物化が進むにつれ、さらに学問の専門化、細分化が進むにつれ、ますます「人間とは何か」という問いに答えることが至難となり、この命題は遠ざけられてきました。しかし、今こそ、人類は再び、「人間とは何か」という根本命題に向き合う必要があります。

幸福の科学大学創立者である大川隆法・幸福の科学グループ創始者兼総裁は、『「人間学概論」講義』において、ロボット工学やクローン人間の研究が進んでいる現代であるからこそ、「人間の定義」を明確化する必要があるとして、「魂」の存在を前提とした「新しい人間観」「新しい人間の定義」を提唱しています。

本書では、『「人間学概論」講義』に示される「魂と肉体が合体した存在」としての「新しい人間観」について、幸福の科学大学の設立に携わっている哲学、心理学、生物学の3名の専門家と対談を行いました。

対談では、各々の学問的立ち位置はまったく異なれども、共通して「機械論的人間観」「唯物論的人間観」の限界が指摘されるとともに、魂の存在を前提とした「新しい人間観」が、今ほど必要とされている時代はないとの認識の一致に至り

※幸福の科学大学（仮称）は、設置認可申請中のため、学部名称も含め、構想内容は変更の可能性があります。

ました。

読者の皆さまは、哲学、心理学、生物学といった学際的アプローチから、最先端の研究成果も踏まえつつ、大川総裁が示す「新しい人間観」が照射される三者との対談に、知的興奮すら覚えることでありましょう。

本書を通じ、「新しい人間観」に基づく「知のパラダイムシフト」が始まりつつあることを実感していただけたら幸いです。

2014年9月22日

学校法人幸福の科学学園

理事・幸福の科学大学人間幸福学部長候補　黒川白雲

人間とは何か　目次

※文中、特に著者名を明記していない書籍に
ついては、原則、大川隆法著となります。

第1章 人間とは何か

──『「人間学概論」講義』を読む

『「人間学概論」講義』
大川隆法著／幸福の科学出版刊

「究極の国家成長戦略」としての幸福の科学大学

現在、幸福の科学大学は2015年4月の開校に向け、着々と開学準備を進めています。8月下旬には、幸福の科学大学建立委員会がわずか5日間で集めた17万5110筆もの「幸福の科学大学開学を求める嘆願書」を内閣総理大臣、並びに文部科学大臣宛に提出しました。嘆願書には、幸福の科学大学で学ぶことを希望する中高生からの手紙も数多く含まれています。これだけ多くの人々の希望と期待を受けて建学される大学はほかにはないのではないでしょうか。まさしく、幸福の科学大学は、多くの国民の負託《ふたく》を受け、「時代の要請」に応えるべく設立される大学であるのです。

幸福の科学大学の設置は、「究極の国家成長戦略」でもあります。本学の創立者である大川隆法・幸福の科学グループ創始者兼総裁は、次のように述べています。

例えば、アメリカなどを見れば、建国は一七七六年で、まだ二百四十年ぐらいですけども、ハーバード大学は一六〇〇年代にできているんですよ。つまり、大学のほうが先なんです。

ヨーロッパの圧政が嫌いだったのか、旧《ふる》いのが嫌いだったのか、税金が嫌いだったのかは知りませんが、ヨーロッパから逃げていったピューリタンたちが最初に到着したボストンのあたりにハーバード大学をつくっています。そのあたりから人材が出てきているわけで、ハーバードは四百年近い歴史を持っていると思うんですね。このように、大学のほうが国家より先ということだってあるわけですよね。

つまり、人材ができれば、その人材が活躍し、やがて国家の屋台骨になるような人が出てきて、国づくりをしていくということですよね。

『究極の国家成長戦略としての「幸福の科学大学の挑戦」』19 - 20ページ

日本は国土も狭く、石油、天然ガス、石炭、鉄鉱石、レアメタル等の自給率は無いに等しいと言われています。そうした不利な条件下で、日本が世界有数の経済大国となることができたのは、優秀で勤勉な人材がいたからです。明治期の文明開化や殖産興業においても、戦後の復興においても、日本が急成長を果たした最大の原動力は、「教育の力」でした。「人こそが最大の資源」だと考え、「国家の屋台骨になる人材」を輩出すべく、教育に力を入れてきたのです。

しかし、近年、「ゆとり教育」などによる教育力の急速な低下を受け、国力の衰退が懸念されています。安倍政権は、アベノミクス（注）の「第三の矢」として「成長戦略」を掲げていますが、多くの手が打たれているにもかかわらず、依然、日本経済は成長軌道に乗ることができていません。

日本が再び成長軌道に乗るための鍵を握るのは「人材の育成」です。大川総裁は次のように述べています。

忘れてはならないのは、「大きな政府は必ず国民の堕落を招くことがある」ということです。一人ひとりが自立した個人として成長していかねばならないのです。「繁栄への大戦略」は、国家が立てればよいというものではありません。原点に立ち返って、「あなたは何ができるか」を自分自身に問うところに立ち戻っていただきたいのです。

「繁栄への大戦略」

つまり、一人ひとりの成長が国家繁栄の原点だということです。『奇跡の法』でも、次のように指摘されています。

教育に関しては、(中略)各人が自助努力の世界に入るべきです。福沢諭吉の『学問ノススメ』の精神に戻って、「学問で身を立てよ。学問は、人格を変化させ、向上させ、世の中の富を増やすものなのだ」という考え方を、もう一度、持つべきです。そして、「教育によって新しく生まれ変わった人たちが次の世代を担っていく」という考え方をすべきなのです。

『奇跡の法』186ページ

福沢諭吉は『学問のすすめ』で、当時の日本は軍隊においても、文化においても、到底、西洋諸国に立ち向かえるものではないが、国民一人ひとりが学問に励み、知恵を得ることで、国家の自主独立を勝ち取ることができると説きました（加賀訳，2009）。まさしく、幸福の科学大学は現代版「学問のすすめ」であり、「究極の国家成長戦略」でもあるのです。

新文明の発信基地としての幸福の科学大学

では、国家を成長させるために必要な教育とは何でしょうか。大川総裁は、『究極の国家成長戦略としての「幸福の科学大学の挑戦」』において、「『教育の目的』のところにこそ、国家戦略を植えこむべきではないか」（20ページ）と述べています。すなわち、今、教育に必要なことは、過去に学ぶことだけではなく、「未来社会」を明確にデザインし、その方向に向けて教育研究を積極的に推し進めていくことにあるのではないでしょうか。このことについて、大川総裁は次のように述べています。

今、できている大学というのは、その多くが明治期に考えられたものです。「封建時代が終わり、文明開化し、西洋化していく社会のなかで、必要な人材を育てる」ということで、幕府の時代に儒学等を勉強していた方々が洋学に切り換えていく流れのなかで、大学ができてきたのです。

ただ、それは、明治の上り坂のころにはうまくいったかもしれませんが、大正・昭和期に至り、先の大戦での敗北を経たあと、次第しだいに、国家としてのアイデンティティーや未来ビジョンがはっきりと見えなくなってきたところがあると思うのです。

今、このあたりで、福沢諭吉の唱えた「脱亜入欧《だつあにゅうおう》」的な考え方だけでは済まない時期が来たのではないかと感じています。

その意味で、「日本独自のオリジナルな文化を発信できるようなもの」が必要であると同時に、明治以降、さまざまに移入された外国のものをもとに、キリスト教文化圏以外のものについても目を配りながら、「今後の世界は、どうなるべきか」ということをデザインしていく力が必要だと思うのです。

したがって、今、あえて新しい大学を創り、世に問う理由があるとすれば、それは、「新文明の発信基地」としての大学、「新しい学問を創造する場」としての大学を創りたいということです。

『新しき大学の理念』13 - 15ページ

幸福の科学大学は「人間幸福学部」「経営成功学部」「未来産業学部」という三学部で開学予定です。

「人間幸福学部」は、学部名称の通り、「人間とは何か」「幸福とは何か」――この本質を探究するとともに、高度な語学力を身につけ、世界で活躍していく新時代のリーダー、世界のリーダーとしての資質を身につけることを目指しています。

「経営成功学部」は、日本経済再建に向け、「経営がどうすれば成功するか」に取り組んでいきます。「未来産業学部」は、日本の発展を支えてきた基幹産業がいずれも頭打ちになるなか、「次なる基幹産業として何があるべきか」を考え、未来産業を創出していく予定です。

まさしく、幸福の科学大学の各学部は名称それ自体が示す通り、国家の成長戦略が植え込まれており、未来社会を見据えた教育研究を行っていく予定です。

幸福の科学大学シリーズ発刊の意義

今回の申請に向けて、２０１３年10月に刊行を開始した大川総裁の「幸福の科学」大学シリーズは9月半ばですでに計59冊となっています。８月下旬以降だけでも発刊点数は30冊以上に上ります。

そのなかでも、私が中心的な書籍として考えているのは、『幸福学概論』と『「人間学概論」講義』です。この両書は、「学問のパラダイムシフト」「知の地殻変動」をもたらすような学問の基底となる思想を含んでいるからです。

学問の世界では、ときに、「非連続的な進化」が起こることがあります。いわゆる「パラダイムシフト」です。この言葉は、アメリカの科学史家トーマス・クーンが提唱したものであり、学問の基礎となっている共通の土台の根本的変革を言います。具体的には、「天動説」から「地動説」への転換、「ニュートン力学（古典物理学）」から「量子力学」への転換などが挙げられます。

大川総裁の『幸福学概論』と『「人間学概論」講義』は、「唯物主義」「還元主義」「機械論的世界観」がベースとなっている現代の学問に、大きなパラダイムシフトをもたらす可能性を有しています。

大川隆法総裁の「幸福学」の意義

まず、『幸福学概論』から見ていきましょう。

大川総裁の「幸福学」は、すべての学問の究極目的であるところの「幸福」のあり方を示しています。それは、学問の原点であるアリストテレスの立場に立つということでもあります（詳細は拙著『知的幸福整理学』参照）。

アリストテレスは、「誰しも幸福のために他のすべてのことを行う」と、人間の諸活動を「幸福（エウダイモニア）」でくくり、人生の究極の目的を「幸福」であるとしました（高田訳，２００９）。そして、「幸福」を実現していくために、さまざまな学問を分類し、体系化しました。その結果、アリストテレスは「万学の祖」と呼ばれています。

　このように、元来、あらゆる学問が「幸福」を目指すものであるならば、「幸福学」は、学問の方向性を示す「北極星」に相当すると言えます。

　『幸福学概論』では、哲学も、宗教も、そして、そこから派生したあらゆる学問も、「幸福論」であり、その展開であったことが指摘されています。

　ところが、近代になって、事態は一転します。カント哲学の中軸となる主著『純粋理性批判』などの影響で、「理性が最高のもの」という思想が世を風靡《ふうび》し、学問から宗教が切り離されたのです。そうした啓蒙思想の影響でフランス革命が起き、凄惨《せいさん》な虐殺、大量粛清が行われ、さらに、この流れの先に共産主義革命が起きました。共産圏の国々でも、人権弾圧や大量粛清が頻繁に起き、多くの血が流れました。

『幸福学概論』

これらの悲劇は、「神の不在」がもたらした人類史の惨禍《さんか》でした。『幸福学概論』では、「神の不在」がもたらされた原因として、「カントの哲学において『理性が最高だ』と考えたがゆえに、神の領域が一切〝カット〟された面はある」（77ページ）と指摘されています。

「理性が最高だ」という考え方は、人間の理性によって、完全に理想的な国家を創造できるという「理性信仰」「理性万能主義」をもたらしました。しかし、実際には人間の理性は不完全です。したがって、現実には不完全な人工国家しか建造できません。理性への過度な信仰が、人間を慢心させ、共産主義国家に見られる人権弾圧、粛清、戦争など、多くの間違いをもたらしてきたのです。

こうして、理性万能主義や、神を否定する思想は、歴史のなかで大きな不幸を生み出してきました。１９９１年のソ連邦崩壊後、マルクス主義、共産主義革命は政治的には終焉《しゅうえん》に向かっています。しかし、学問の世界では、未《いま》だに宗教と科学を切り離す唯物思想が根底に横たわっているのが現状です。

『幸福学概論』は、もう一度、学問の原点であるソクラテス、プラトン、アリストテレス的立場に立ち、宗教と学問とを融合した視点から「真実の幸福とは何か」を解き明かし、本来の学問のあるべき姿を取り戻すエポック・メイキングともなる書籍です。

従来の「人間学」の限界と課題

「幸福学」が学問の北極星だとするなら、「人間学」はあらゆる学問の出発点と言えるでしょう。

20年以上も前ですが、私が早稲田大学在学中に「人間科学部」という学部ができました。「人間科学」(Human Science)という学問を扱う学部です。

現在では、30以上の大学に「人間科学部」が設置されています。また、「人間」という言葉を含む学部名を持つ大学は、200近くもあります。人間への関心が研究や教育の分野で急激に高まっているのは事実です。

「人間科学」とは、「人間とは何か」という問いに対して、科学的に研究しようとする学際的、総合的学問だと言えます。もともとは、20世紀のアメリカで、人類学、社会学、心理学などを含めた新しい総合科学の呼称として使われています。「人間科学」を構成する学問としては、心理学、精神医学、人類学、社会学、宗教学、教育学、生物学などがあり、人文科学、社会科学、自然科学にまたがっています。

「人間とは何か」を研究するに当たっては、一つの学問的視点からでは不十分で、多様な学問から研究する必要があるためです。

そのため、さまざまな大学の人間科学部のカリキュラムを見ても、心理学からスポーツ科学まで、実に幅広い科目が置かれており、総合教養学部のような感じを受けます。確かに、どの学問も、「人間」を研究対象にしたものです。しかし、果たして細分化された窓から、「人間」というものの全体像が見えてくるのでしょうか。あるいは、それらの学問研究を全部足していけば、「人間」というものの全体像が見えてくるのでしょうか。

例えば、人間の目、口、鼻、皮膚、血管、内臓など、人間のすべての部分を研究しても、人間とは何かが明確に見えてくるわけではありません。それと同じように、断片的な学問をすべて足し上げていっても、人間という全体像は見えてこないでしょう。

大川総裁は、法話「繁栄への大戦略」で、こう述べています。

されども、「人間とは何であるか」という問いに答えることができず、「あなたは、どこから来て、どこへ去っていくのか」ということに答えることができず、「あなたの人生の目的は、いったい何であるのか」ということに答えることができないのであれば、「優れたる人」とは、決して言うことはできないと思います。むしろ、さまざまな知識や情報、テクノロジーが、みなさまがたの目を曇らせ、真実を見えなくしていると言わざるをえません。

「繁栄への大戦略」

結局、「人間の本質」の探究が進んでいないことの大きな理由は、人間を部分的、唯物的に研究していることに原因があります。唯物的な理解をいくら足し合わせても「人間とは何か」は分かりません。

人間を深く知るには、それぞれの学問をバラバラに探究するのではなく、人間と世界の本質や、人間そのものの本性《ほんしょう》を問い続けてきた宗教的立場を土台として、「人間」という全体像を描出《びょうしゅつ》することが不可欠であると考えます。

「人間とは何か」に明確な答えを示す幸福の科学教学

この点、「人間とは何か」という問いに対して、幸福の科学教学は、明快な答えを示しています。『不滅の法』には、次のようにあります。

「人間とは何か」「人間の本質とは何か」という問いに答えることは、哲学の使命でもあったはずですが、現代の哲学は、それに答えることができていません。また、「人間機械論」に陥っている現代の科学も、この問いに答えられずにいます。しかしながら、今、幸福の科学は、この問いに対して、きちんとした答えを出しているのです。

『不滅の法』153‐154ページ

その答えは、『「人間学概論」講義』にはっきりと示されています。

「人間とは、魂と肉体が合体した存在として、この世で、人生修行を送っているものである。前世から、この世に生まれてきて魂が宿り、人生修行をして、あの世に還《かえ》るものである」と定義することが必要になると思います。

『「人間学概論」講義』44ページ

つまり、「人間とは魂を持った存在である」ということがその定義となります。既存の学問はいずれも、地上的視点・物質次元の観点から人間を説明しているのに対し、幸福の科学教学は、霊的観点から「人間とは何か」を解き明かしています。

従来の「人間観」はいずれも、物質的な外形（肉体）を手がかりとした表面的な人間の見方に過ぎず、人間の本質・実体に対する認識が十分とは言えません。したがって、『「人間学概論」講義』で示される「魂と肉体が合体した存在」としての「人間観」は、「知の地殻変動」をもたらすことになるでしょう。

例えば、現在の医学では、精神疾患に対しては薬で症状を抑えることに比重が置かれていますが、新しい人間学を基礎とする医学では、人間の霊的健康をも考慮し、魂そのものを癒す医療が登場してくるはずです。

霊界の存在証明として霊言集《れいげんしゅう》を刊行

こうした「新しい人間観」の根底には、大川総裁の身命を賭した「霊的探究」の積み重ねがあります。大川総裁は、その30年近い活動を通じて、人間の内奥に「魂」があることを明らかにしています。

大川総裁は、幸福の科学の草創期である1980年代には、「霊界の存在証明」の一環として、数多くの霊言集《れいげんしゅう》を発刊してきました。最近では、2010年頃から「公開霊言シリーズ」という形で、多くの霊言を世に問うています。あまりにも多彩な個性を持つ霊人の語る本が、時期によっては一日1冊ペースという信じがたいスピードで発刊されるため、「多数のゴーストライターがいるのでは」という批判は、いつの間にか消えていきました。特に、近年の公開霊言シリーズは、収録の模様が映像でも公開されているため、ゴーストライター説は完全に否定されたと言えます。

幸福の科学の霊言では、すでに500人以上もの霊人《れいじん》が登場しています。これだけ数多くの霊言を出しているということは、すなわち、「現代の『常識』に対して、戦いを挑んでいる」ということです。

つまり、世間に対して、「これを『本物』と思うか、『偽物』と思うか」という問いを突きつけているのです。今、大手新聞などに霊言の書籍広告が載り続けているところを見れば、事実上、社会的信用を得ているということが言えます。

「霊的存在」としての人間の本質的な意味

このような「霊的世界の実在」を前提としたとき、従来の学問における「人間観」は根本から覆《くつがえ》ることになります。

人間観だけなく、自然観や世界観などを含む一切の、ものの見方、要するに、「天動説」から「地動説」にパラダイムが変わったときのように、学問の根底が揺らぎ、刷新されるような激変をもたらすことになります。

例えば、従来の「死すべきもの」という人間観は、「魂」という「不死なるもの」と「肉体」という「死すべきもの」とを複合した人間観に変わります。これは、人間が自己や他者をいかに捉《とら》えるかという、自己理解と他者理解の根幹に関わる事柄です。

人間とは「霊的存在」である――これが幸福の科学教学が説く〝人間の定義〟であり、幸福の科学教学の「人間学」の最も重要なポイントです。

「霊」こそが人間の本質であり、実体です。人間にとって一番の本質は「霊」であり、こうした世界観に基づく人生観こそが「霊的人生観」なのです。

「永遠の生命」と「永遠の霊的進化」こそ、人間の本質です。仏神《ぶっしん》に創られ、仏神から分化し、独立した存在となった人間の「霊」は、永遠の生命を持ち、消滅することなくいつまでも存在し、永遠に霊的進化の道を歩み続けていく。そして、人間は進化の果てに仏神と融合・一体化していく無限の進化への道を歩んでいる。これが「霊的存在」としての人間観です。

人間は「霊的存在」として永遠に「個別性」を維持し、果てしない霊的成長の道を辿るように創られています。このように人間が死後も「個別性」を持って存在することができるのは、神が人間に「仏性《ぶっしょう》」を付与し、それを人間の本体としたからです。

これが、人間が「霊的存在」であることの本質的な意味です。

なぜ今、宗教系大学なのか？——宗教教育の大切さ

西田幾多郎《きたろう》の『善の研究』では、「学問道徳の本《もと》には宗教がなければならぬ、学問道徳はこれに由《よ》りて成立するのである」「人智の未だ開けない時は人々かえって

宗教的であって、学問道徳の極致はまた宗教に入らねばならぬようになる」と言っています（西田，1979）。

このように、学問と宗教とは対立するものではありません。「教育は国家百年の大計《たいけい》」と言われます。国家を潰《つぶ》すのも繁栄させるのも教育によるところが大きいというのが歴史の教訓です。

教育によってその世代、その時代の共通の価値観が形成されます。それは、マスコミや言論界によってさらに強化されていきます。マスコミによってつくられた世論は政治に影響を及ぼし、国家の枠組みが形成されていきます。教育は、それを受けた個人の人生にも大きな影響を及ぼしますが、国家のあり方や命運にも大きな影響を与えるのです。

そうしてみると、どのような人間観を基《もと》にして教育をするかは、極めて重要な問題です。人間とは何か、どう生きるべきか、教育の目指すべき理想像、理想的人間観――これらをどう考えるかによって、国民や国家の命運は大きく左右されるのです。

教育は単に知識を教えればよいというわけではありません。新しい価値観を創造することこそ、真の教育だと思います。まさしく幸福の科学大学では、「新しき価値観の創造」を目指していきたいと考えています。

次章からは、幸福の科学教学における霊的人生観に基づいて、哲学、心理学、生物学の知見を加え、対談という形で「人間とは何か」について考えを深めていこうと思います。

（注）第二次安倍内閣で掲げている経済政策で、「安倍」と「エコノミクス」を組み合わせた造語。「金融緩和」「財政出動」「成長戦略」の三つの政策を「三本の矢」と称している。

第2章
哲学から見た人間
――伊藤 淳博士との対談

伊藤 淳（いとう・じゅん）

1962年生まれ。2001年東洋大学大学院博士課程修了。博士（文学）。翻訳家。東洋大学、早稲田大学等で、哲学、教養読書論などの教鞭をとる。専門は、カント哲学をはじめとするドイツ観念論、西洋政治哲学史、芸術論、幸福論。著書に『言葉には、なぜ現実を変える力があるのか?』（きこ書房）、訳書に『静かな人ほど成功する』（W・ダイアー著、幸福の科学出版）、『エマソンの「偉人論」』（R・W・エマソン著、同上）、『「一流の男」への道』（D・ディーダ著、PHP研究所）がある。

哲学の祖は「魂の不死」をどう考えたか
――ソクラテスとプラトン

黒川　本章では、これまでの哲学の歴史も踏まえながら、「人間の定義」について、東洋大学などで哲学の教鞭《きょうべん》をとる伊藤淳さんとお話ししたいと思います。

人間の定義に関しては、まず、「魂」の問題があると思います。魂の存在については、宗教のみならず哲学の世界でも、いろいろな議論がありました。

『「人間学概論」講義』（大川隆法著）の「まえがき」では、「魂」の問題はソクラテスやプラトンの時代には当然のこととして語られていたと、大川総裁は指摘されています（注1）。

プラトン　紀元前427頃～同347。古代ギリシャの哲学者。西欧哲学に大きな影響を与えた。

伊藤　その通りです。プラトンの時代では、「魂は存在する。人間の本質とは、魂である」ということは、あまりに当然のことでした。

ただ、当時も、「肉体が滅びたあとも魂は存在するのか。魂は不死なのか」については、いろいろな議論もありました。

黒川　確かに、プラトンとほぼ同時代の「快楽主義」で知られるエピクロスは、「肉体が滅びれば、魂も同時に滅ぶ」と言っていましたね。

伊藤　その点、プラトンは、「肉体が滅びても、魂は死なない。魂は不滅である」と繰り返し主張しています。特に、『パイドン』という本のなかで、「魂の不死」を何通りもの方法で証明してみせています。

やはり、「人間の本質は魂であり、魂は不滅である」ということが、プラトンの思想すべての大前提ですね。

黒川　これは、プラトンの哲学において「人間の定義」に当たる部分だと思います。プラトンは、人間はこの世とあの世の間を転生輪廻《てんしょうりんね》していると、繰り返し述べていますね。

伊藤　『パイドン』のなかでは、「人間は死んで魂そのものとなり、本来の姿に戻ったとき、初めて世界の本質を正しく認識でき、真実の知に到達することができる」という趣旨のことも述べています。

その意味で、プラトンの哲学の目的は、「知」を通して「自らの魂を純化させていく」ところにあったと言えます。「魂」の問題は、プラトン最大のテーマであったのではないでしょうか。

黒川　結局、「魂」を認めている点において、ソクラテスやプラトンの哲学と宗教は共通点が多いと思います。

大川総裁は『幸福学概論』で、「ソクラテスやプラトンは現代で言えば霊能者や宗教家になってもおかしくない稟質《ひんしつ》を持っていたのに、知的な言葉で語られて文献になったために『哲学』として独立した」という趣旨のことを述べています（41ページ）。

宗教と同じ対象分野を、知的に研究したものが「哲学」として誕生したということですね。

伊藤　「哲学の祖」と言われるソクラテスも、宗教家に通じるところがありますし、彼の思想は「魂の不死」を前提としなければ理解できません。

ソクラテス　紀元前470頃〜同399。古代ギリシャの哲学者。「哲学の祖」とも言われる。

黒川　それを象徴的に表しているのが、「ソクラテスの死」ですね。

伊藤　その通りです。ソクラテスは理不尽な罪で死刑判決を受けました。弟子たちは何度も脱獄を勧めるのですが、ソクラテスは頑《がん》として聞き入れず、弟子たちに次のような趣旨のことを語っています。

「これまで、私はいつも、『金銭や権力、健康よりも、霊的な幸福のために生きることのほうが大切なんだ』と語っていた。ここで私が生きながらえることを選んだならば、私の言葉はすべて空証文《そらしょうもん》になってしまう。死後の世界に還《かえ》ってからの幸福に比べたら、この世で生きながらえることなど、取るに足らない」

つまり、ソクラテスが自らの最期を通して示したことは、「この世の生命よりも、尊いものがある」ということです。これはまさしく宗教家が伝えてきたことと同じですよね。

黒川　ソクラテスの最期は、イエス・キリストやチェコの宗教改革者ヤン・フスが信仰を貫いて死んでいった姿に通じるところがあります。宗教家と哲学者という立場の違いはあっても、「魂は永遠に不滅である」ということへの絶対の確信、そして、その真実を命がけで伝えようとした情熱は、同じだったのではないでしょうか。

伊藤　宗教や哲学という枠の違いをも超えて、古今東西のさまざまな世界的思想には、「目に見えないものの尊さ」を訴えるというところが共通していますね。

黒川　こうした聖賢の人生の軌跡は、大川総裁が『太陽の法』で、「『仏法真理』という名の織物が、『人生はこの世かぎりなのだ』といった唯物主義的で刹那的《せつなてき》な考えから人々の心をまもってきた」というように述べていることと重なります

(14 - 15ページ)。

伊藤　「目に見えないもの」が尊いことは理解できても、ソクラテスのように「目に見えないもの」の尊さを心底から確信し、身をもって体現して生き切った人は、歴史上、本当にわずかです。

だからこそ、ソクラテス自身が「哲学のシンボルそのもの」になり、ソクラテスの言行録は多くの人の心を揺さぶって不滅の古典になって、イエスやパウロ、吉田松陰のごとく、時代を超えて人々を動かす力になったのだと思います。

黒川　プラトンの著作が現代にまで読み継がれている理由ですね。

最近は、「ソクラテス・カフェ」のような哲学カフェも少し流行《はや》っているようですが……。

伊藤　いくら哲学を学んだつもりでも、ソクラテスが語る「魂の真実」を正面から受け止めなければ、単に「〝フィロソフィックな気分〟を味わう」という程度の価値しかないと思いますね。

黒川　哲学界のみならず、現代の学問界そのものに対して、大川総裁も『「人間学概論」講義』のなかで「人間の本質にアプローチできていない」（36ページ）と、批判されています。

例えば、仏教学や宗教学に対して、「魂や霊の話をすると、学問をやっている近代的な人間と思われないのではないか」と思って、文献学的なところや年代考証、時代考証などの研究に逃れたいという気持ちが強いのではないかと指摘しています。

この批判は、現代の哲学界にも、そのまま当てはまりますね。

「哲学の祖」がソクラテスやプラトンであるならば、ソクラテスに倣《なら》って魂の存在を認めることが哲学の出発点なのではないでしょうか。

「幸福の哲学」の発明――アリストテレス

黒川　では次に、プラトンの弟子であったアリストテレスについて考えてみたいと思います。

『「人間学概論」講義』では、アリストテレスの人間の定義として、「人間とは、幸福を目的とする生き物である」（103ページ）ということが紹介されています。

また、『西田幾多郎の「善の研究」と幸福の科学の基本教学「幸福の原理」を対比する』のなかで、「人生の目的は幸福だ」と言い切ったアリストテレスの思想について、「非常に明るく希望に満ちた、現代的な言葉のようにも聞こえる」（89ページ）と指摘しています。これは、ニヒリズムや虚無主義に入って、この世を悲観していく哲学者と対比して評した言葉だと思います。

伊藤先生は、アリストテレスのこうしたスタンスについてどうお考えになりますでしょうか。

伊藤　アリストテレスは、当時考えられるあらゆる分野についての研究を遺《のこ》し、「万学の祖」と言われるようになりましたが、私は、アリストテレスの最大の功績とは、哲学の目的を「幸福」としたことだと思っています。

大川総裁が述べているように、哲学者のなかには、ショーペンハウエルのように、厭世《えんせい》主義の哲学、「この世に生まれたら、自力では幸福になんかなれない。せいぜい芸術の力などで自らを慰めるのが関の山」と言い切る哲学者もいます。果たして、「幸福になれない」という哲学を学ぶのと、「幸福こそが目的である」と言い切る哲学とでは、いっ

アリストテレス　紀元前384～同322。古代ギリシャの哲学者。「万学の祖」とも呼ばれる。

たいどちらを学んだほうが人は幸福になれるか、分かりますよね。

黒川　大川総裁も、ショーペンハウエルについては、仏教のなかのペシミズム（悲観主義）の影響をそうとう受けていると指摘しています。こうした悲観主義の思想を学んでいると、深層心理で不幸を求めることにつながってしまいますね。

伊藤　その点、アリストテレスは、幸福になれる学問を発明したのだと思っています。

黒川　ところで、「幸福が目的である」という思想は、古代ギリシャでは、アリストテレス以外でも、快楽主義のエピクロスも「人生の目的は幸福である」と言っています。表面的に見れば、二人は同じことを言っているように見えます。

伊藤　しかし、エピクロスは、先ほどの話にも出てきたように、「人生は一度きり。われわれは、死ねば消滅する」という唯物論を説いた人ですね。

その点、アリストテレスは、死後の生を肯定しており、例えば、『ニコマコス倫理学』では「死者の幸福」について論じ、「子孫の隆盛や災難は、『不幸な死者』を幸福にしたり、『幸福な死者』から幸福を奪ったりすることがありうるか」を検討しています。

同じ「幸福」でも、前提となる「人間の定義」はまったく違っているわけです。

黒川　エピクロスも心の幸福のようなことは説いており、「肉体の欲を断って心の平静を守れ」ということも言っています。

アリストテレスも、「観想的《かんそう》生活」を説いているので、一見、両者の幸福は似ているように思う人もいるかもしれませんね。

伊藤　しかし、エピクロスの心の平静は、アリストテレスの説く「観想的生活」と似ているようで、内容は異なるものです。
簡単に言えば、エピクロスの場合は「この世の煩《わずら》わしさを避けること」ですが、アリストテレスの場合は「神と一体となること」です。

黒川　アリストテレスは「神々こそが至福であり幸福である」と言っていますが、観想的生活を通じて「神と一体となること」こそが彼の「幸福論」の真髄ということですね。

伊藤　そもそも、「幸福」という言葉は、ギリシャ語で「エウダイモニア」と言いますが、この言葉は「よき（エウ）神霊（ダイモニア）」を意味します。古代ギリシャでは、幸福とは本来、「よき神霊と一体となること」「神と一体となること」を意味していました。

黒川　大川総裁も、人間が「幸福」を目的としている理由は、「神が人間を創られた意図」にあると述べています。

『ユートピアの原理』という著書のなかに、「神の三大発明」が示されています。第一の発明は、「念《おも》いによる創造」です。念いによって、世界を創られたことです。第二の発明は、「時間の創造」です。念いによって創られた存在が、時間の流れのなかで、姿を変えていけるようになったことです。

そして第三の発明が何かというと、「幸福という目的のための発展」という方向性を与えたとあります（96－101ページ）。

伊藤　私たちが「幸福を目指す」ように神から創られたならば、アリストテレスが言うように、神と一体になることが真の幸福なのだと言えますね。

黒川　私たち一人ひとりに「幸福を目指す」という強い志向性があること自体、人間が神から創られた痕跡《こんせき》でもありますし、それ自体が神の慈悲の表れであると思います。もし神が人間を不幸に向かっていくように創られていたとしたら、世界は地獄でしかありえません（笑）。

なぜ人間は「政治的動物」なのか
——アリストテレスとアーレント

黒川　『「人間学概論」講義』のなかでは、人間の定義について「人間は社会的動物である」「人間は政治的動物である」とも説かれています。

伊藤　アリストテレスは『政治学』という著書において、人間の定義として「人間は政治的動物である」と言いました。アリストテレスの言う「政治的」というのは、より厳密に言えば、「ポリス的（国家的）」ということですね。ポリスとは「国家」のことで、当時のアテネなどの都市国家のことです。「人間とは、国家をつくる動物である」ということです。

「社会的動物」という訳語は、アリストテレスの「政治的活動」というギリシャ語の言葉をラテン語に翻訳するとき、「社会的活動」という言葉があてがわれたことと呼応して、使われるようになったそうです。

黒川　この点、『「人間学概論」講義』でも、「さすがに、『政治をやる』というところまでいくとなると、動物の世界では難しいでしょう。もちろん、動物にも、集団での取り決めやボスの取り決めはあるかもしれませんが、人間には、より高度な政治的活動をするところがあります」（94ページ）と指摘されています。

確かに、野生の動物や昆虫のなかにも、群れで生活するものもいますね。人間の「社会」や「国家」は、動物の「群れ」とはどう違うのでしょうか。

伊藤　それは、人間が単なる生存以上の精神的な「目的」を掲げることができる、という点にあるのではないでしょうか。「グループの目的や理想」を掲げ、みんなでその実現を目指していくことができる点にあると思います。

黒川　では、人間は「政治的動物」であるという根拠は何なのでしょうか。

伊藤　アリストテレスは、「人間が国家をつくることができる理由は、動物のなかで、人間だけが『言葉』を持つことができるからだ」と説明しています。

黒川　確かに、言葉をしゃべれるのは人間だけですね。ではなぜ、言葉を持つことが「政治的動物」につながるのでしょうか。

伊藤　アリストテレスによれば、「人間は、動物的な生存本能を超えた、公的な感覚、『善悪の感覚』を共通に持っており、言葉を使って善悪をはっきり示すことができる。だから、人間は国家をつくることができる」と説明しています。

ハンナ・アーレントも、『人間の条件』という著書のなかで、言葉が使えるからこそ、暴力で人を強制しなくても、公的な世界や理想の国家を形成できるとしています。

黒川　そうしますと、神は私たち人間に「幸福な国家」、ユートピア建設を願われ、人間に言葉を与えられたと。

伊藤　ところが、人間が自分の生命の維持のためだけに労働するようになったら、それは、「人

ハンナ・アーレント　1906～1975。哲学者・思想家。主に政治哲学の分野で活躍。

間本来の尊い生き方から、動物的生存へと退化することにほかならない」といった意味のことを、ハンナ・アーレントは、『人間の条件』で言っています。

黒川　人間は「ユートピア建設」に向けた尊い活動を通じて、本来の「人間」となるということですね。

なぜ人間は「哲学的動物」なのか
――「われ思う、ゆえにわれあり」の意味とは

黒川　『「人間学概論」講義』には、人間の定義として、「人間は哲学的動物である」(94ページ) という考え方も提示されています。

大川総裁は、「人間は思想の世界で活動ができ、精神の世界、観念の世界で考えて、その世界を広げることができる動物だ」とあります (94 - 95ページ)。したが

って、人間の体の構造や機能を探究しただけでは、人間のすべてが分かるとは言えないというわけです。

「観念」の世界を広げるという点では、特に近代哲学が進んでいたと思います。そこで、近代の哲学をテーマに、「哲学的動物」という人間の定義について考えていきたいと思います。

近代哲学は、まず、やはりデカルトから始まったと考えるのが一般的ですね。

伊藤　デカルトは近代合理主義の権化《ごんげ》のように言われていますが、霊体験をたくさんしていますし、一説によると、「薔薇《ばら》十字団」という秘密結社と関わりを持っていた形跡があり、「ヘルメス思想」という霊界思想を学んでいたと言われています。

デカルト　1596～1650。フランスの哲学者。霊肉二元論を展開。「近代哲学の父」と呼ばれる。

黒川　デカルトについて、大川総裁は『幸福学概論』で、「特に、デカルトが『霊肉二元論』、すなわち、『精神』と『肉体』（物質）とを二分して分ける考えを提示したのをよいことに、『物質のほうだけを探究することが科学であり学問である』というような考え方がけっこう蔓延《まんえん》してきています。／その一方で、彼が信仰心を持ち、霊的体験を重ねていたことについては無視する傾向が極めて強く、はたして、デカルトの『方法序説』を現代の哲学者がきちんと読んでいるのかどうか、はなはだ疑問を感じる次第です」（71－72ページ）と述べられています。

伊藤　有名な『方法序説』という本の第4部では、デカルトは魂の不滅について証明しようとしています。

黒川　彼の有名な「われ思う、ゆえにわれあり」という言葉が登場する章ですね。

伊藤　はい。『方法序説』では、デカルトはそう書いたあとで、次のようにも言っています。

「わたしは一つの実体であり、その本質は考えるということだけにあって、存在するためにどんな場所も要《よう》せず、いかなる物質的なものにも依存しない。したがって、このわたし、すなわち、魂は、身体からまったく区別され、しかも身体より認識しやすく、たとえ身体が無かったとしても、完全に今あるままのものであることに変わりはない」（谷川訳，1997、一部略）

つまり、言い換えると、「本当の自分とは、『考えている自分』である。それは、物質的なものではない。だから、肉体が滅びても『考えている自分自身』は不死である」と言っているわけですね。

黒川　そう考えれば、大川総裁による霊言も、デカルトの言葉で説明がつきますね。

『「人間学概論」講義』でも、「霊言のときは、すでに焼き場で焼かれてなくなっているわけですから、『脳がないのに考える力があって、生前の個性に近いかたちで話をする。生前、自分の脳を使って考えて、話していたようなことと近いことを話す』ということは、脳は魂ではないということなのです」（78ページ）とあります。

伊藤　私たちも、デカルトに倣って、自分自身に問いかけてみるとよいと思います。考えている自分、喜んだり悲しんだりしながら人生を生きている自分、その心の働きは、本当に脳というコンピュータの働きだけなのか。肉体が死んだら、消えてしまうものなのか。もっともっと尊いものであるはずです。

哲学の世界でも、人間の尊厳を取り戻していかないといけないと考えています。

カントの理性は「神」と「魂の不死」をどう考えるか

黒川　次に、デカルトと並んで、哲学において近代合理主義の流れを推し進めたカントを採《と》り上げたいと思います。

カントについて、大川総裁は「理性という言葉を使って、神の首をギロチンにかけた」（『法哲学入門』54ページ）と自覚しているとして、少し批判もされています。

現代の仏教学も間接的にカントの影響を受けており、「カントの流れを汲む新カント派の考え方に則って、魂や霊の側は扱わず、『考古学』的に扱う」（『「人間学概論」講義』37-38ページ）ようになったと言われています。

カントは、現代の唯物的な人間の定義を流

カント　1724〜1804。ドイツの哲学者。西欧哲学に強い影響を与える。ドイツ観念論の祖。

布するのに利用されてしまった側面もあったわけですね。

伊藤　カントには、「三批判書」と呼ばれる大著の三部作があるのですが、カントは三部作の最初である『純粋理性批判』という本によって、神や霊魂は理性では証明できないと結論づけました。新カント派の人たちはこの『純粋理性批判』の思想だけを強調して、「神や霊魂は存在しないのではないか」という方向にもっていきました。

黒川　カントは「理性には限界があって、理性では『神の存在証明』はできない」と言っていたわけですね。

伊藤　その通りです。カント以前の時代にあった伝統的な神の存在証明を一つひとつ採り上げ、最終的に「神の存在の合理的な証明は不可能である」と結論づけています。その部分だけ取り出せば、カントの思想は唯物論にも利用できますね。

黒川　しかし、実際のカントは、唯物論者ではありませんでした。例えば、同時代に活躍した霊能者であるスウェーデンボルグなど、霊的なものに一定の理解を示していますね。

伊藤　はい。カントはスウェーデンボルグの霊体験を追跡調査して、『視霊者《しれいしゃ》の夢』という本にまとめています。

スウェーデンボルグは、カントと同時代の人で、降霊会を行ったり、自身の魂が身体を抜け出して霊界に赴《おもむ》いたりして、亡くなった人の霊と対話するなど、魂の存在を実証するような話を幾つも紹介していました。

黒川　スウェーデンボルグは、科学者として当時とても有名な方だったそうですが、そうした社会的にもしっかりした実績のある人が、突然に霊体験をし始め、次々と世間に霊的な話を発表し始めたので、大変世間の注目を集め、時代の寵児《ちょうじ》となっていたそうですね。

伊藤　そのスウェーデンボルグの話について、カントは『視霊者の夢』のなかで揶《や》揄《ゆ》や批判をしつつ、「否定もできない」と言っているんですよ。

その『視霊者の夢』には、人間の魂は霊界の影響を受けており、そのことはすでに証明されたも同然か、あるいは研究すれば将来、証明されるだろうと書いています（注2）。

カントはあくまで、「自分の研究分野にはしない」と言っていただけで、否定したわけではないんですよね。

黒川　こういう言葉に触れますと、カントは現代日本の知識人と違って、霊的な話に対しても先入観や偏見を排し、公平な態度で接していたことが分かりますね。

伊藤　さらに、カントは、『純粋理性批判』のいわば続編として、『実践理性批判』という本を書いているのですが、その本を通して、カントは「神の存在」と「魂の不死」について、合理的な証明はできないが、それが真実でなければ、道徳的存在としての人間の本質に反してしまうと主張しています。

もう少し具体的に言えば、次のような感じですね。

「人間の理性は、『最高善』を求める。その最高善とは、道徳と幸福が一致することだ。しかし、そういう境地が実現するには、『魂の不死』と『神の存在』が必要だ。なぜなら、『最高善』という境地は、現世の限られた時間だけでは実現するはずがないので、魂は不死のはずだ。同時に、神の力が働かなければ、そういう境地は実現しないはずだ」

そういう趣旨のことを言っていますね。

黒川　カントも神の存在は信じていたのですね。では、カントは宗教についてはどのように考えていたのでしょうか。

伊藤　カントは『実践理性批判』のなかで、「キリスト教の教えが、最高善の概念を示している。キリスト教における最高善の概念だけが、実践理性の最も厳格な要求を満足させる」「道徳的法則は、純粋実践理性の対象および究極目的としての最高善を通じて、宗教に到達する」と明言しています（波多野他訳，1979、一部略）。

結局、カントは、哲学的探究の結果、「人間の道徳的な理性を突き詰めると、魂の不滅や神の実在などの宗教的真理に至らざるを得ない」という結論に辿りついたわけですね。

黒川　カントは本当は、宗教がなくなると、人間の理性が正しい方向から外《はず》れてしまうことを警告したかったのですね。

現代の風潮は、このカントの考えとは逆で、科学は無前提に信じても「宗教は要らない」と考えています。しかし、科学はさまざまな倫理的問題に直面し、「何が善で何が悪か」を判断できずにいます。「信教の自由」を口実にして宗教を否定すれば、「人間とロボットとの違いがなくなってくる可能性がある」と、大川総裁も『「人間学概論」講義』のなかで警告しています（122ページ）。

哲学が目指す「究極の目的」とは
――西田幾多郎《きたろう》と『善の研究』

黒川　宗教の大切さを語った近代の哲学者としては、戦前の日本で活躍した西田幾多郎《きたろう》も挙げられますね。この対談のしめくくりに、西田幾多郎について採り上げたいと思います。

伊藤　西田幾多郎の代表作の『善の研究』は、当時のベストセラーにもなっていますね。

黒川　伊藤先生は、『善の研究』のなかでは、どういったところが特に印象に残っていますか。

伊藤　『「人間学概論」講義』との関連で言えば、「幸福」と「善」の本当の関係についてでしょうか。

善を義務と捉《とら》えると、自分を抑圧するものと思いがちですよね。でも、本当の善は、他から強制されるものではなく、自分の内なる深い念《おも》いから自然と湧きあがってくるもので、だからこそ、「善と幸福は矛盾しないのであって、善とは、一

西田幾多郎　1870〜1945。近代日本の代表的哲学者。西洋哲学と東洋思想の統合を目指した。

番深いところの自己表現、最高の幸福なのである」というようなことを西田幾多郎は言っています。

黒川　その部分については、大川総裁も、『西田幾多郎の「善の研究」と幸福の科学の基本教学「幸福の原理」を対比する』のなかで触れられています。「西田幾多郎は、『幸福とは善のことである』と、はっきり言い切っています。そして、『幸福とは善である』ということになると、宗教的に見ると、私が説いているところの幸福論に当たります。私は幸福論として、『この世とあの世を貫く幸福が大事である』と説いています」（90‐94ページ）と述べています。

宗教的に見ると、西田哲学は、「この世とあの世を貫く幸福」と同じことを説いているのですね。

伊藤　「善」とは本当は最高の喜びになっていくのだ、ということですね。

カントも「道徳と幸福が一致していくはずだ」と言ってはいますが、まだまだ理性によって命令され、強制されるという他律《たりつ》的な面が残っており、「本当に内なる魂の喜びそのものなのだ」というところまでは十分に言えていなかったように思います。

そういった内発的な喜びが、霊的世界に還ったあとの圧倒的な幸福感とつながっているのでしょうね。

黒川　西田哲学においては、ある意味、カントの限界を超えて、宗教と哲学の融合がより強く出ているように思います。

伊藤　宗教について、『善の研究』では、かなり多くのことが述べられています。例えば、「宗教における神と人には、父子の関係がなければならない。神は宇宙の根本であり、万物の目的であり、すなわち人間の目的である。人は神において自分の真の目的を見出す」という趣旨のことが書かれています（注3）。

こういった部分を読みますと、西田哲学における人間の定義は、「人間とは、神の子である。人間の魂の親は、神である」ということになりますね。

黒川　「人間は神の子であり、魂の親である神に近づくべく、永遠の生命を生きている」という幸福の科学の人間観とも一致しますね。

伊藤　ヘーゲルも同じ考え方を持っています。「哲学の目的は、神以外にない」とまで言っています。

哲学を誠実に究めていくと、やっぱり最後には、神に戻ってくるんですよ。「神に至る道」というのが、哲学の使命だったのではないでしょうか。

黒川　こうした魂の真実については、『太陽の法』にも書かれています。

「根本仏は、自己表現の一端として、大宇宙をつくり、大宇宙のなかに住む生命体をつくり出したのです。（中略）あなたがたは、自分自身が仏の一部であり、仏の自己表現の一端をになっていることに、誇りと自信をもつべきなのです。これこそが、魂の真実です」（72ページ）

この部分が、「人間学」において、人間の定義の一番の根本であると思います。

伊藤　「人間は『被造物』である」と聞くと、ちっぽけな、取るに足らない存在のように思ってしまう人もいるかもしれません。しかし、それは間違いですよね。アウグスティヌスが「イマゴ・デイ」という言葉を使っていますが、被造物とは「神の像」ということなんですね。「神に似せて創られている」ということなんですね。それは、単なる物ではなく、神と同様に、創造の自由を持っている尊い存在ということです。

トマス・アクィナスやアウグスティヌスなども、「人間には、創られた痕跡がある」ということを説いてきました。その尊い本質を摑《つか》むことが、哲学の本来の目的であり、人間としての最高の幸福もそこにあるということですね。

黒川　『「人間学概論」講義』でも、「人間は信仰の本能を持っている」と指摘されています。人間が信仰の本能を持っているのは、人間が「神の子」「仏の子」であるからこそ、「目に見えない『魂の親』を信じたい」という思いが人間にはあるからだと思います。

幸福の科学の説く最高の幸福は、「悟り」という名の幸福です。「悟り」とは、自分自身の魂が創られた目的を知り、その目的に向かって自らの魂をより高度なものに高めていくことです。

今回の対談では、哲学の本来の姿は、「魂の不死性」を前提として、「神の子」としての自己を発見し、神に近づいていくことを目指すものであることを改めて実感いたしました。「人間学」の根本問題において、宗教も哲学も実は同じ出発点に立っていることを確認することができました。本日は、誠にありがとうございました。

（注1）『「人間学概論」講義』の「まえがき」には、次のような記述がある。

「かつて、ソクラテス、プラトン時代に当然として語られ、釈迦の教えでも『業《ごう》』を認める以上、その主体としての『魂』があるのが当然なのに、現代では哲学は、数学や記号論理学の親戚となり、仏教学は無神論・無霊魂説を強調しはじめている。／今一度、『原点』に戻るべきだ」

（注2）『視霊者の夢』には次のような記述がある。

「人間の魂は、この世に生きているときでも、霊界のすべての非物質的存在と解きがたく結ばれた共同体のなかにあること、さらに、人間の魂は、交互に霊界内に作用し、霊界からも印象を受けているのだが、すべてが調子よくいっているときは、魂は人間としては意識されていないということは、大学の講義流に言えば、すでに証明されたのも同然か、あるいは、もっとつまびらかに研究すれば容易に証明されることとされるだろう。いっそう巧みに表現すれば、どこで、いつというころは、わたしにもわからないけれども、きっと将来、証明されることになるであろう」（金森訳，2013）

（注3）『善の研究』には、次の記述がある。

「凡《すべ》ての宗教の本《もと》には神人同性の関係がなければならぬ、即ち父子の関係がなければならぬ。しかし単に神と人と利害を同じうし神は我らを助け我らを保護するというのでは未だ真の宗教ではない、神は宇宙の根本であって兼ねて我らの根本でなければならぬ、我らが神に帰《き》するのはその本に帰するのである。また神は万物の目的であって即ちまた人間の目的でなければならぬ、人は各《おのおの》神において己が真の目的を見出すのである」（西田，1979）

第3章 心理学から見た人間

――千田要一博士との対談

千田 要一（ちだ・よういち）

医療法人千手会ハッピースマイルクリニック理事長。１９７２年生まれ。九州大学大学院卒業後、ロンドン大学臨床研究員を経て、現在、日本ポジティブサイコロジー医学会理事。博士（医学）。精神科・心療内科医。欧米の研究機関と国際共同研究を進めつつ、日本でクリニックを開業し、臨床現場で多くの治癒実績を持つ。第66回アメリカ心身医学会学術賞（２００７年）、日本心身医学会第4回池見賞（２００６年）など学会受賞多数。欧米（英語）と日本での学術論文と著書は１００編を超える。著書に『幸福感の強い人、弱い人』（幸福の科学出版）、『現世療法』（クラブハウス）、『若返る力』（栄光出版）、『ポジティブ三世療法』（パレード）などがある。

心理学は「心」をどう考えているか

黒川　本書では「人間とは何か」について、さまざまな学問的視座《しざ》から探究を続けています。本章では「心理学から見た人間観」をテーマに、医学博士であり、心理学の専門家である千田要一先生と対談を行い、「人間とは何か」の探究を進めてみたいと思います。

まず、今日《こんにち》の心理学では、心をどう捉《とら》えているのかについてお話を伺えればと思います。脳と心の関係については、やはり唯物的な捉え方が主流なのでしょうか。

千田　今の医学では、脳科学も含めて、基本的に、心の問題は、物理的な脳の働きに還元《かんげん》していく形になっています。

しかし、「本当にそれが正しいのか」という議論はあります。実験心理学の父と言われる、アメリカの心理学者ウィリアム・ジェームズは、「すべてのカラスが黒いかどうかという命題を覆《くつがえ》すには、カラスをすべて調べる必要はなく、白いカラスを一羽でも見つけたら、それで十分なのだ」と言っています（樺，2002）。

すなわち、「心が実体としてある」としか考えられない事例が一つでもあれば、心の存在の証明には十分ということなんですね。

ウィリアム・ジェームズは千里眼《せんりがん》などの霊能力を持つと噂されていたパイパー夫人という方に出会い、自ら調査した結果、〝白いカラス〟と見なしたようです（鈴木訳，2010）。

また、最近では、臨死体験に関する知見がかなり積み重なってきています。

1991年のパム・レイノルズというアメリカの女性ミュージシャンの例があります。彼女は脳底動脈瘤《のうていどうみゃくりゅう》で、低体温循環停止

ウィリアム・ジェームズ　1842〜1910。アメリカの哲学者・心理学者。プラグマティストの代表でもある。

法（体温を極端に下げることにより心臓停止させ、血管を取り替える手術）という手術を受けた際に臨死体験をしたようです。この手術は術中の脳波や心電図などがすべて厳格にとられていました。記録によれば術中の脳波はフラットで、間違いなく脳死状態でしたが、その間に彼女は自分が施術されているときの様子が見えたらしく、回復したあとにその経験を詳細に報告しているのです。臨死体験の間に、亡くなった親戚にも会ったという報告もあり、2001年に「ランセット」という医学会の超一流雑誌に掲載されました（Lommel, 2001）。

あとは最近で言うと、テレビでもかなり放送されましたが、2008年に報告されているハーバード大学の脳外科医であったエベン・アレグザンダー博士の臨死体験があります。この方は急性細菌性髄膜炎《ずいまくえん》により脳の新皮質に深刻なダメージを受けたため、幻覚を見ることすらできない昏睡《こんすい》状態だったんですが、臨死体験中に対面した女性が、面識もなく顔も知らないまま他界した実の妹であることが臨死体験後に両親から渡された顔写真を見て判明したそうです（白川訳，

2013)。

このエベン氏は、もともと「脳がなくなれば思考なんてない」という完全な無神論者、唯物論者だったのですが、臨死体験を経て、死後の世界を強く肯定する立場に転じた方として有名になりました。これらが臨死体験では有力な〝白いカラス〟に当たる事例かと思います。

黒川　なるほど。『「人間学概論」講義』のなかでは、東大医学部教授の本について触れていますが、その方は、最先端の救急医療の現場で、科学では解明できない現象を次々と体験し、「寿命が来れば肉体が朽《く》ち果てるが、霊魂は生き続ける。その意味で、人は死なない」と考えるに至ったようです。

例えば、事故に遭《あ》ってこの世的には意識がなかったにもかかわらず、自分が十メートルくらい上からその現場を見た記憶がある方のエピソードなどが登場していますが、これらも「臨死体験」と言えますね(矢作,2011)。

千田　世界的心理学者であるユングも69歳で臨死体験をしていますが、彼は心筋《しんきん》梗塞《こうそく》を起こして意識を失ったときに、自分が大気圏外まで行って地球を見る経験をしています。よくある臨死体験談では、天井や建物の高さぐらいから見る経験が多いのですが、ユングの場合はスケールが違います。

また、〝上昇〟しているときに、自分の欲がすべて落ちるような感覚も経験したと話しています（河合他訳，１９７３）。

臨死体験をして人生が変わる人は多いのですが、心理学の主流の一人であるユングもそういう経験をして人生がガラリと変わり、自分の研究成果を霊性や宗教性と結びつけて研究発表するようになりました。実際、主要な著作のほとんどは、その経験後

カール・グスタフ・ユング　1875～1961。スイスの精神科医・心理学者。深層心理について研究し、分析心理学を創始した。

に出ています。

ユング心理学と仏教理論の共通点

黒川　『「幸福の心理学」講義』には、ユングが「幽《ゆう》体《たい》離脱」や「体外離脱」という霊体験をしたり、「体から抜け出して、地球の成層圏外まで出て、宇宙空間から見る」という「宇宙即我《そくわれ》」（注1）という宗教的体験があったことが指摘されています。

千田　かねてからユングの臨死体験はスケールが違うように感じていましたので、私も大川総裁の教えを聴いて合点がいきました。

黒川　大川総裁は、「マルクス、エンゲルスの『唯物論』も一つの発明だったのか

『「幸福の心理学」講義』

もしれないけれども、同時に、フロイト、ユング系統からは、『深層心理』というものが、それに対抗する、〝逆のもの〟として出てきている」（『幸福の科学大学創立者の精神を学ぶI（概論）』68ページ）と指摘されています。

千田　深層心理学などでは、単に目に見える世界だけでなく、五感を超えた第六感の世界まで踏み込んで話をしています。仏教で言う「五感がすべてではない」という話に通じていると思います。

黒川　ユングの潜在意識の探究は、仏教の「唯識《ゆいしき》学派」（注2）が説いている末那《まな》識《しき》・阿頼耶識《あらやしき》・阿摩羅識《あまらしき》（注3）と言われる深みまで行き着いたと言われています。ユング派心理学者の秋山さと子氏は、唯識の阿頼耶識は、個人に受けつがれた人間の過去の歴史のあらゆるものを包含した無尽蔵の倉庫のようなものであって、それは全人類の歴史にまで遡《さかのぼ》ってしまうことから、フロイトの無意識の考えよりも、むしろユングの考え方に近いというようなことを指摘しています（秋山，1991）。

千田　ユングは、「アニマ」「アニムス」という、男性でも女性的な魂の傾向があったり、また、女性でも男性的な魂の傾向があることについて、詳しく述べていますが、そのあたりも面白いですね（河合訳，1975）。

黒川　その話は転生輪廻《てんしょうりんね》を考えると実に分かりやすいですよね。

千田　そうなんです。今は男性でも、過去世《かこぜ》には女性で生まれていた転生もあれば、今は女性であっても男性だった転生もあるという話ですね。

ユング本人は、夢のなかに出てきて、常に自分を導いてくれる老賢者の話をしています。いわゆる守護・指導霊に当たる話のような感じがします。やはりユングは狭い意味での心理学だけに収まらない人のようです。

黒川　そうですね。ユングは心理学を通して宗教的真理を探究した方であったと思います。だから、幸福の科学教学を学ぶと、ユング心理学の本質がよりよく分かります。

私も中学生の頃から、ユングの言う、個人を超えた「集合的無意識」というのは不思議な話だと思っていましたが、大川総裁は『生命の法』のなかで「魂は、個人として独立していると同時に、実は、大きな大きな『生命の大樹』ともつながっています」（235ページ）という話をしています。自分は一枚の葉っぱであり、近くの枝の葉っぱが魂の友に当たる「ソウルメイト」（注4）であり、さらに手繰《たぐ》っていくと、もっと太い枝になり、大きな幹になり、結局、すべての魂がつながっているという考え方です。

千田　前世療法では過去世に遡って退行《たいこう》催眠をかけると、現在、直面している問題は今世《こんぜ》だけではなくて、前世や前々世の転生にも原因があったという事例がたくさん出ています。

例えば、父親に暴力を振るわれたりして大変な思いをしている人が、実は前世では逆の立場で暴力を振るっていたというケースです。今世だけで考えると理不尽なことも、過去世まで遡って考えてみると納得できる原因があるケースが多くあります。こうした事例からも、人間は死んだら終わりではなく、「生き通しの魂」だと感じます。また、転生するたびに人生の途上で巡り会って、互いに勉強し合うような「ソウルメイト」と呼ばれる存在もいるように思いますね。

黒川　「前世療法」では、自分の心のなかに記憶が甦《よみがえ》ってくるのでしょうか。

千田　方法としては、表面意識に催眠をかけることによって潜在意識の奥に埋もれている記憶を呼び戻すのですが、信じられないような実話がたくさんあります。

例えば、「真性異言《しんせいいげん》」というのがあります。ゼノグロッシー（xenoglossy）とも言われているのですが、過去世を思い出すと、当時の言語が出てくるという現象があります。当然、現在の母国語でもなく、勉強したこともない言語です。これも唯脳論では説明できない現象の一つです。古代言語の場合が多いのですが、最近では、本人が勉強したこともないネパールの現代語を話し出したという女性の報告がなされています（稲垣，2010）。

大川総裁も『「宇宙人によるアブダクション」と「金縛り現象」は本当に同じか』を収録されたとき、古代語を話されています。私たちから見ると、学問的にはゼノグロッシー、真性異言に当たるのではないでしょうか。

唯物論・無神論主義者たちが「信仰」するもの

黒川　そうした心霊現象を支えるエビデンス（証拠）がたくさん出てくると、もはや唯物論・無神論が虚《むな》しくなってきますね。

千田　そうですね。いわゆる〝白いカラス〟はいろんな形で報告されています。ただ、「ウィリアム・ジェームズの法則」というのが言われていまして、「信じたい人にはそういう白いカラスの情報が与えられるが、疑う人にまで信じさせるに足る情報は与えられない。超常現象の解明というのは本質的にそういう限界を持っている」と言われます（梶元訳，１９９１）。

黒川　私は早稲田大学の学生だったとき、教養で物理の授業を取っていたのですが、その担当が「火の玉教授」として有名な大槻義彦《おおつきよしひこ》教授でした。火の玉やＵＦ

Oなどの心霊現象はすべてプラズマ現象で説明できるとして、「心霊現象はまやかしだ」という講義を受けた記憶があります。

プラズマ現象ですべての心霊現象を説明できるなど、かなり強引で、心霊現象を否定したい人は、いくらでも屁理屈《へりくつ》をつくれるものだなと妙に感心してしまいました。

千田　心霊現象に関しては、ユングとフロイトが決別するきっかけとなったエピソードがあります。１９０９年にフロイトを訪ねてウィーンを訪問した際に、唯物主義のフロイトに対して、ユングが「今からポルターガイスト現象が起きます」と言うと、実際に2回も起きたという出来事がありました。しかし、それでもフロイトは心霊現象を頑《かたく》なに認めませんでした。それで、ユングは、フロイトにある種の限界を感じたのです。以後、師匠であったフロイトを唯物論者として見限ったという話です（河合他訳，１９７２）。

進化論を説いたダーウィンも、当時さまざまな心霊現象を研究していた「交霊《こうれい》会《かい》」というのに参加したのですが、目の前でポルターガイスト現象を経験しても、「まやかしだ」ということで信じなかったと言われています（Darwin, 2008)。先ほど黒川さんがお話しされた大槻教授のような感じだったのでしょう。

どんな現象であっても、自分の枠組みのなかに当てはめて結論づけるわけです。要するに、「自分が認めたくないだけ」なのです。ある意味で「誤った信念」です。それで本当に「科学」と言えるのかと思います。

黒川　大槻教授は実際に実験までして火の玉現象を起こせることを強調していましたが、だからといって、すべての火の玉をプラズマ現象だと断定するのは論理が飛躍しています。

千田　大槻教授の場合は、一定の条件の下でしかプラズマ現象を起こせないはずです。昔の地方のお墓など、同じセッティングができない状況下でも、人魂が出たという報告が多数あるはずです。それをどう説明するのかを問いたくなりますね。

黒川　私もその頃はものすごく憤《いきどお》りを感じました。「心霊現象を絶対信じない」という信念があるとしか思えません。

　それに対して、ユングの自宅玄関には、「呼ばれようと、呼ばれまいと神は存在する」というデルフォイの神託《しんたく》の言葉が彫り込まれていたそうです。そこに、「深層意識」の解明に向けた信念のようなものを感じます。

　「魂の医者」と称されるユングが、一人の心理学者として、精神を病んだ患者への救済を通じて探究してきたものは、結局、人間の「魂」や「心」

『フロイトの霊言』

『「ユング心理学」を宗教分析する』

の本質についてであって、それは「実在する神」への確認の道にほかならないように感じます。

それがまさにユングとフロイトを分けた点だと思います。大川総裁の霊査《れいさ》によるとユングは如来界《にょらいかい》（注5）の人で、フロイトは地獄で苦しんでいると言われていますが、この世的には有名な学者として並び立つように見えても、実際の魂の境地には大きな差が出てしまったわけです（注6）。

海外では魂の存在を前提とした学術発表が当たり前

黒川　千田先生は海外の学会でも活躍されています。日本の場合、学界は唯物論で占められていると思いますが、海外ではどのような状況でしょうか。

千田　日本の場合、学会の大半は唯物的な考えが占めている状況です。私は内外の学会で宗教性や霊性などの研究報告をしてきましたが、聴衆の反応は海外と日本とでは全然違います。日本で発表すると、胡散臭《うさんくさ》いと思われている雰囲気になります。しかし、統計的に見ると、「幸福感が強い人は寿命が長い」「霊的なもの、目に見えないものを信じる人は寿命が長い」というデータがはっきりと出ています。そういう具体的な数字を示すと、ようやく聴く耳を持ちはじめるという感じです。

黒川　海外では、すでにスピリチュアリティと医療・看護ケア等との融合が進んでいるようですね。

千田　“body, mind, and spirit”（ボディ・マインド・アンド・スピリット）と海外では言いますが、日本の学界では、“spirit”（魂）の部分がほぼ落ちているように思います。今、海外では「人間は“body”（身体）と“mind”（脳）があり、そして

“spirit”がそろって三位一体となることで健康が保たれる」という考えが当然のように学会のメイントピックに採り上げられています。その海外のレベルに比べると、この分野では日本はまだまだ〝後進国〟であることは間違いないですね。

黒川　千田先生は、“spirit”の健康に関する研究論文を海外でもたくさん発表されていますね。

千田　先ほど言った、「霊的な目に見えないものを信じている人は、寿命が長い」とか、「心臓病になりにくい」などの論文ですね。

今は、祈りの研究をしています。「祈る人と祈らない人では、どちらが健康にとってよい効果が得られるか」という研究です。祈りによって、うつ病がよくなるかどうかについて調べていますし、海外ではもう何十年もそういう研究がなされてきています。

黒川　ぜひ、今後ともそうした統計的なアプローチも使って、スピリチュアリティが健康にとってよい影響を及ぼすということを実証していただきたいと思います。

千田　そうですね。ただ、統計学というのは手段ですので、価値観を立てて「何を証明するか」の「何」の部分が大事になると思います。マナーとマターの問題だとも思うのですが、マナーよりも、あくまで「何が人類を進化・発展させるのか」を考えることのほうが重要です。

「統計学は最高の学問である」みたいな見解もあるようですが、統計はあくまでも手段ですので、「その中身は何ですか」という部分が入らなければ、最高の学問にはなりえないと思いますね。

黒川　その意味で、現在、ハーバード大学などで研究が進んでいる「幸福度研究」も統計学的アプローチが主流ですが、統計分析だけでは「本当の幸福とは何か」を示すことができないという、〝壁〟にぶつかっているように思います。

千田　私の著書『幸せな未来をつくるポジティブ心理学』で「収入が増えても幸福度が上がらない」という「幸福のパラドックス」（イースタン・パラドックス）について言及していますが、お金さえあくまで「手段」です。「なぜ生きるか」という部分のところが示せるようになるといいですね。それが今、学問全体に求められていることではないかと思います。

心理学における「人間の定義」の限界

黒川　千田先生は「人間の定義」に関して、どうお考えですか。

千田　肉体の枠のなかだけの人間という定義だと不十分です。大川総裁が指摘しているように、「魂は生き通しであり、人生経験をそれぞれの転生で積み重ねて成長していく」ということを、まっさらな目で見て受け入れることができれば、結論は自ずと決まっていきます。「まっさらな心で見て考える」ことこそ、本当の科学的態度です。

黒川　唯物論、人間機械論などは、どこに間違いの根本があると思われますか。

千田　肉体的なものにすべてを集約してしまうことです。条件反射的に、「目に見て確かめられるもの」「知っているもの」のみで全部説明しようとすることもそうです。

心理学や精神医学の場合、病人を相手にしているので、病気を解決することが中心になります。すると、目に見える症状のみがすべてであり、それさえどうにかすれば解決なのだという考え方を招きやすい面があります。そのため、最近では薬物療法に走る傾向が強くなっています。薬を使えば、うつや不安症状、幻覚や妄想など、さまざまな症状を、見た目の上では抑えることができるからです。実は対処療法にしか過ぎないのですが、結局それで終わりにしてしまう場合が多いのが実情です。

しかし、根治《こんち》しようとするなら、やはり本当の根本原因の所在を探求する必要があります。そこに踏み込んだ解決をしようとしないので、現代の心理学とか精神医学では、患者は延々と薬をやめられない状態になっているのです。明らかに限界を示しています。その意味では、今、薬の過剰投与がすごく問題になっていますが、医学が唯物論をやめて、霊性を認めたら、医療予算が半分で済む可能性だってありますよ。

黒川　薬の過剰投与は、副作用も当然ありますよね。

千田　薬そのものへの依存もあるし、副作用もあります。けれども、一番問題なのは、本当の原因の部分を解決するというスタンスが少ないことです。

根本的な解決をしようとすれば、あの世とこの世を貫いた存在という意味での人間を考えないといけなくなります。

その意味で、医療の現実的な要請としても、大川総裁の言う、霊的な「人間の定義」は、すごく応用性が高いと言えます。臨床の治療においては、ネガティブな症状をゼロにできる可能性もあるし、さらに、ゼロからポジティブ、「いかに幸福になっていくか」という意味での発展的・繁栄的な考え方もできると思います。

黒川　リチャード・ドーキンス（注7）のように「遺伝子が人間を操縦している」といった唯物論的な考え方は心理学的に見ていかがですか。

千田　まずありえないですね。さっきの〝白いカラス〟の話に戻りますが、脳死状態で、見たり聞いたりした症例がありますし。前世療法でもゼノグロッシー（真性異言）の例は、「本人が今まで経験したことのないことが、脳に入っていますか」という話になります。

リチャード・ドーキンスの理屈では、DNAに刻まれた言語能力が開花したということになるのでしょうが、古代語だけを話すなら分かりますが、現代のネパール語を話している症例もありますから、説明に無理があります。

黒川　フランスの哲学者のベルクソンも、『物質と記憶』という著書で、人間の「記憶」という機能は脳の働きでは説明がつかないため、人間の精神は物質から独立した実在であると主張しています（合田他訳，2007）。

千田　唯物的・無神論的な考えでは説明できないことがあまりにも多いですよね。その尺度のなかで説明しようとするほうが科学的ではないですよね、明らかに。

黒川　そうですね。真実の「人間観」を探究すべきだと思います。

最高の幸福とは何か

黒川　幸福の科学教学における「人間観」について申し上げると、大川総裁は仏教で言う「色心不二《しきしんふに》」とは、「車の運転にたとえるならば、『色』(肉体)は車体の部分であり、『心』(魂)は運転手の部分に当たる。つまり、車は、運転手が乗ることで動かすことができるのだ。もし運転手がいなかったら、車があったとしても意味がない。しかし、運転手がいたとしても、車がなかったら、どうやって走れるだろうか。この両方があって人生は成り立っているのだ」(『生命の法』222

ページ）と説明しています。

また、幸福の科学教学では、「人間は仏の子であり、永遠の魂修行を通じて元なる仏を目指していく存在である」と説明されています。


千田　すごく分かりやすいですよね。魂が永遠の時間を通して成長していくということは、単にネガティブをゼロにするだけでなく、発展的な考え方です。

心理学の世界で少し近いと感じるのは、マズローの「欲求五段階説」ですね（下図参照）。

これは自己欲求が段階的に成長していくというものですが、マズローは「生理的欲求」

マズローの「欲求五段階説」

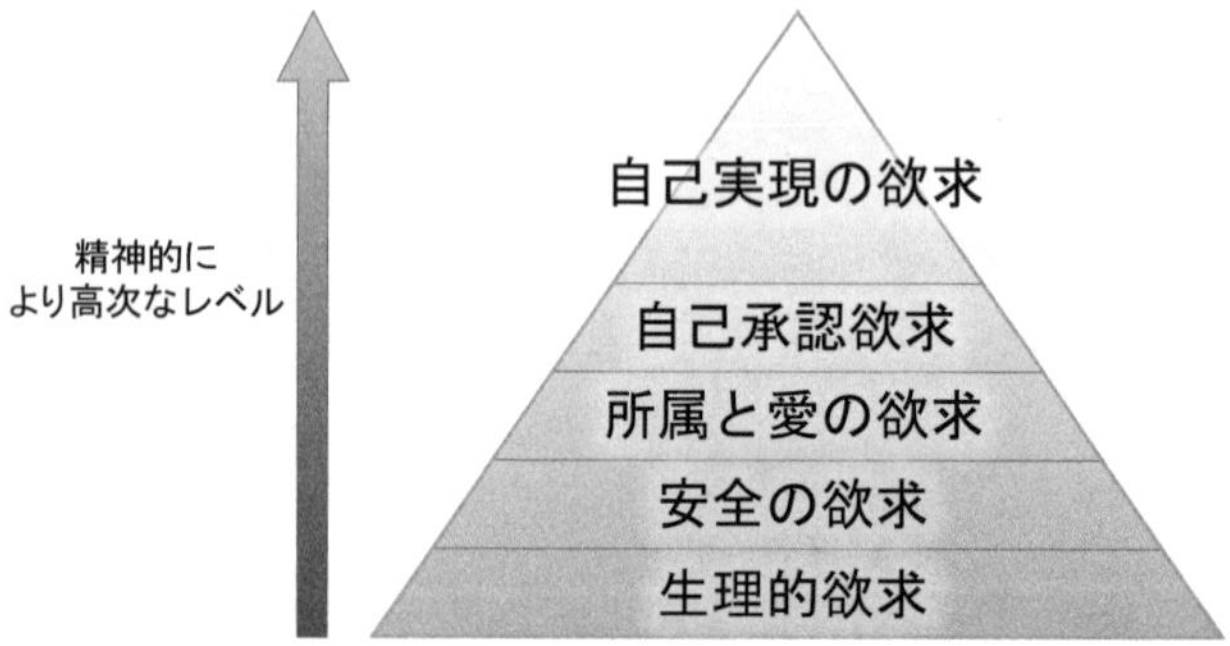

「安全の欲求」「所属と愛の欲求」「自己承認欲求」に次いで、人間の欲求の最も上位には「自己実現の欲求」があると言っています。三段階目の「所属と愛の欲求」などは大川総裁の指摘する「人間は社会的な動物だ」ということに当たると思います。

ただ、私はマズローが「自己実現の欲求」を人間の欲求の最《さい》たるものとしている点に、やや不十分さを感じていたのです。しかし、マズローは晩年、六段目の欲求として「人間には目に見えるものだけでなくて、人のため、目に見えないもののために生きたいという欲求がある」という「自己超越の欲求」を唱え

幸福の科学教学における「霊界の次元構造」 （参照『太陽の法』）

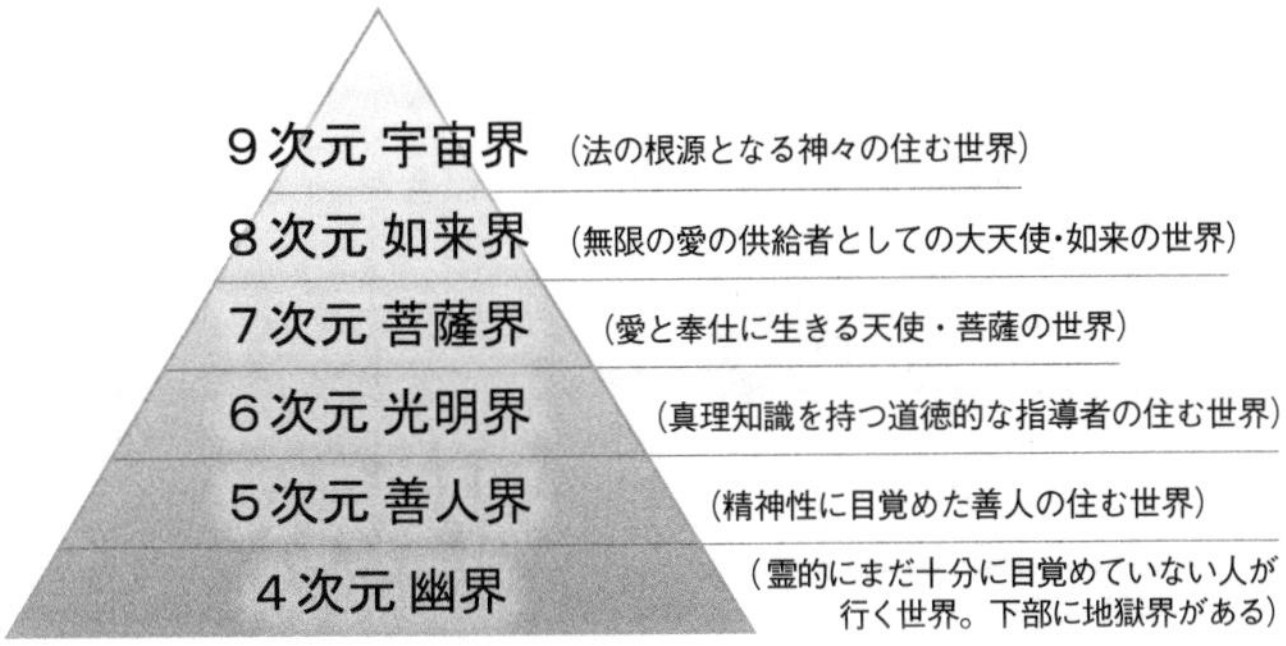

ました。マズローは、心理学の第三の流れとして、「人間性心理学」というものをつくった人ですが、その次の第四の流れである「トランスパーソナル心理学」の出発点にもなった人です（上田訳，１９９５）。

大川総裁の理論においては、五段階目の「自己実現の欲求」が、６次元のイメージくらいで、六段階目の自己超越、「自分をさしおいて人のために尽くす」という欲求はいわゆる７次元の菩薩界に相当するのかなと思います（前頁図参照）。こういう感じで、心理学の知見を大川総裁の理論に当てはめて考えるのも面白いですよね。

黒川　マズローの心理学との対比はすごく分かりやすいですね。大川総裁も「人生の目的と使命を実現していくことが人間にとっての最高の幸福であり、悟りなのだ」と

アブラハム・マズロー　1908～1970。アメリカの心理学者。人間性心理学の生みの親であり、人間の欲求の階層を主張した。

説いていますが、これは魂修行を通じた「悟りの向上」と「ユートピア建設」につながっていきます。その意味で、「自己実現」や「自己超越」に通じる考え方だと思います。この基本には、「霊的人生観」（注7）があります。

千田　そうですね。前世療法などで本人の深い潜在意識から得られるアドバイスはかなり的確なことが多いですね。おそらく、そういうアドバイスは、私たちが「ありえない」と決めつけていると受け取れないのでしょう。唯物的な思い込みを捨て、まっさらな気持ちで自分自身の心に問えば、深いところで心のうずきに気付くことができたり、「自分にもスピリチュアルガイド、ハイアースピリットがついている」と感じることができると思いますね。

黒川　それを聞くと、反省して自分の心を透明にして、守護霊、指導霊のアドバイスに耳を傾けるという、幸福の科学の精舎《しょうじゃ》（注9）などで行われている修行に通じるものを感じます。それによって難病が治ったりするなど、さまざまな奇跡も報告されています。

千田　大川総裁の教えは、心理学や精神医学の理論などとさほど矛盾する話ではありませんよ。

黒川　むしろ最先端ですよね。

千田　そうですね。逆に唯物的・無神論的考え方に執《とら》われていると、患者も治せませんし、理論的な限界がすぐに来ると思います。

臨床心理学でも見られる霊的影響

黒川　千田先生は臨床の現場での経験が豊富ですが、精神医療の患者のなかには、いわゆる悪霊現象、霊的な悪作用と思われる方はどのくらいいるように感じられますか。

千田　明らかなケースはありますよ。

例えば、子育てが原因のうつ病の方の場合、子育てのちょっとしたアドバイスをしてあげるだけで一気に顔色が変わります。真っ青だった方が、血色がよくなって、目の輝きが変わってきます。大川総裁の教えのように、心の悩みがあると悪霊のネガティブな影響を受けやすいと感じます。本人の心の悩みをちょっと整理してあげると、ガラッと一気に変わるのですが、精神医学や唯物的な心理学では説明し切れない部分があります。

多重人格もそうですね。本人の人格がいろんなトラウマによって分かれてしまったという理論だけでは説明できない部分が多すぎます。普段はキュートな女性が、突然、男性のヤクザのようになったりもしますからね。言葉づかいも違います し、出す雰囲気も全然違います。しかも子供になったりもして、年齢が変わってくるような場合もありますし、演技や創作でできるレベルではありません。「過去にいろんなトラウマがあってだんだん分離していった」というだけでは十分には説明できないですね。

黒川　私も体験がありますけど、幸福の科学の支部や精舎でも、悪霊撃退の祈願を何回かするうちに、一瞬で祈願対象者の顔色が良くなり、顔つきや言葉づかいまでやわらかくなっていったという劇的な現象があります。これは霊的現象としか説明できません。

千田　患者の側にも霊的人生観があれば、治癒力はかなり違ってくると思います。霊的人生観があれば本人も納得しやすいですし、ストレスを自分の心の統御によって、どうさばいていくかという「智慧《ちえ》」の部分を一緒に勉強していけば、どんどんよくなっていきます。

善悪の価値観を立てることの大切さ

黒川　「魂の健康」を取り戻すという意味では、八正道《はっしょうどう》（注10）などは心理学的に見てもすごくロジカルで、学問的なのではないでしょうか。

千田　今の精神医学や心理学の場合は価値観を立てずにやっている場合が多いのですが、釈尊や大川総裁が説かれた八正道というのは、善悪の価値観がしっかり立っています。特に八正道の最初にある「正見《しょうけん》」などは、善悪の価値観を立てるという意味では大切ですね。

黒川　「善悪の価値観を立てる」とは、何が正しく、何が間違っているかを明確にすることですね。

例えば、大川総裁は「人間を幸福にする四つの原理」の一つ、「愛の原理」のなかで、上司に認められたいという人は、幼少時に父親に認められなかったという欲求不満があると指摘されています（『幸福の法』第3章参照）。私はそれを自分自身に当てはめて、まさにその通りだと思いました。両親への不満を反省するとともに、両親への感謝を深めることによって、上司への不満がなくなり、感謝に変わっていった経験があります。

千田　目先の人間関係の悩みなどの場合、どうしても「解決したい」というのが先に立ちます。黒川さんが言うように、意外と親子問題などに原因があることが多いんですよね。ですから同じ葛藤を繰り返すことが多いときは、過去の自分を振り返って、自分の考え方の癖や、思考パターンを知ることが大事です。また、心理学で認知と言われているものを超えて「魂の傾向性」までを視野に入れて、自分の心を見つめることが効果的です。そうすればもっとハッピーになれると思います。

黒川　『永遠の仏陀』に、「もっともっと奥深いところまで反省せねばならぬ。それは、己の魂の性質が、いかなるものであるかというところまで、確かめねばならんということなのだ」（182ページ）という教えがあります。人間は、幸福の科学教学で言う「魂の根っこ」「心根《こころね》」「魂の傾向性」（注11）、心理学的に言えば「深層意識」にすごく影響を受けていると感じます。

千田　みんなそうですよ。今の問題を解決するために、「過去を振り返る」という手段をとることもありますし、「今の考え方で生きていけば、どういう未来世《みらいせ》が待っているか」ということを潜在意識に問うていく、未来世療法というものもあります。「今の自分をどう変えたら明るい未来が開けるか」ということまでやっていくのですが、そこで大事になってくるのは、やはり「どういう価値観で生きていくか」なんですよね。

黒川　このままの自分で生きていけば未来はこうなる、だからこう変わるべきだという、「縁起《えんぎ》の理法《りほう》」の視点ですね。

「不幸の心理学」から「幸福の心理学」へ

黒川　大川総裁は『「幸福の心理学」講義』でも、「一般的に、学問的に『心理学』と言った場合の主流、メジャーになっているものは、残念ながら、本書の表題とは対極的な〝不幸の心理学〟ではないでしょうか」(17ページ)と指摘されています。同書では、「不幸の心理学」の逆を唱えたアドラーやマズローが紹介されていますが、千田先生は、その流れにある「ポジティブ心理学」に関する著書を何冊か書かれていますね。ポジティブ心理学は人間幸福学部の「幸福学」の一環として取り入れていきたいと思っています。

千田　ポジティブ心理学の出発点は1998年で、ペンシルベニア大学のマーティン・セリグマン教授がアメリカ心理学会の会長のときに「もっと積極的にハッピーになることを考えた心理学が必要だ」ということを述べたことが始まりです。それまでもマズローの人間性心理学や、トランスパーソナル心理学という流れはあったのですが、第五の流れとしてこのポジティブ心理学が出てきました。ポジティブ心理学が魅力的なのは、スピリチュアリティとか、霊性、宗教性をすべて取り込んだ上での科学的実証を大切にしている点なんです。そういう意味で、ポジティブ心理学は人間幸福学部にかなり親和性のある学問ではないかなと思います。

黒川　ポジティブ心理学においては、「いかに理想的な自分になっていくか」という発展的な考え方をするかと思いますが、理想的な自分をつくる上での大切なこととして何が挙げられていますか。

千田　理想的な自分をつくる上では、過去の偉人とか、モデルプラン、モデルケースに学んでいくことが大切だと思います。モデルがないと人間はやっぱり「どう理想の自分をつくったらいいか」が分かりません。そこで、ポジティブ心理学では、過去の偉人や聖人などを全部網羅し、分析して、幾つかの強みや徳性（strengths and virtues）として分類しています。

大川総裁は、釈尊やイエスをはじめ、たくさんの過去の聖人や偉人の生き方、考え方をパターン化して、理想的な人間のあり方として提示していますが、自分の理想の人生を描くにあたって、これ以上勉強になるものはないと思います。

黒川　大川総裁は、「幸福の心理学」について、「私の説く『幸福の心理学』も、どちらかといえば、『そうした優れた人から学んでいこう』とするものです。」「『どうすれば、同じような時代、同じような地域に生まれて、幸福に生き切ることができる人が出てくるのか』というあたりを研究して、解き明かしていく」（58ページ）と述べられています。

千田　人間はどうしても自分を平均レベルで見てしまいます。「どういった人が理想か」を、努力して学んでいくことが必要です。

宗教が学問の飛躍的発展をもたらす

黒川　結局、医学や心理学においても、「人間観」を変革していくことが求められているのではないでしょうか。大川総裁は「医学部でもそうですが、人間を単なる機械と思い、ただ、機械をバラしたり、組み立てたり、補修したりするような、『自動車の整備工場』の役割を、病院が行っている程度に思っているのです」（『幸福の科学大学創立者の精神を学ぶⅠ（概論）』60-61ページ）と指摘されています。

千田　今の学問の最大の汚点かもしれません。心理学では「実存的不安」と言うのですが、人間というのは、ただ衣食住で生きるわけではなく、「なぜ自分が生きるか」が分からなくて不安を覚える存在であって、その答えを本能的に求めているのです。そこに今の学問では答え切れていません。

黒川　「人間とは何か」という問いに、方向性を与えるものとして、「宗教」が重要になってくるのだと思います。「なぜ生きるのか」というのを解き明かしているわけですから。

千田　そうですね。ポジティブ心理学の先行研究でも、宗教性を持った人のほうが「ハッピー」「うつ病になりにくい」「アルコール依存・薬物依存になりにくい」などの一連の報告が出されています（Koenig, 2012）。宗教性を持つと自分の存在意味や、「今後どうしていきたいのか」というのが分かって、悔いがない人生というか、「一日一生」という思いで人生を生きられるようになるという感じがします。

黒川　オックスフォード大学の『Oxford Handbook of Happiness』のなかでも、「宗教的アプローチによる幸福」が、「幸福学」の構成要素の一つになっています（David, 2013）。

現代の学問は、現象を全体的に捉えることが苦手です。科学も自然現象や生命現象が「どのように」起こっているかを説明できても、それが「なぜ」起きているかは説明できていません。なぜ生命があるのか。なぜ人間が存在しているのか。そういう根源的な疑問に科学では答えられていません。

そうした意味で、幸福の科学教学が「人間とは何か」、そして「人間はいかに生きるべきか」を明確に示していることは、心理学の進歩に大きく資するものであることを確信いたしました。本日は、誠にありがとうございました。

（注1）自分の意識が宇宙に広がって、地球を見下ろしたり、宇宙そのものとなるという体験。

（注2）「あらゆる存在は心（識）の表れに過ぎない」という唯識説を唱える、インド大乗仏教の学派。

（注3）仏教の五蘊《ごうん》説では、物質と精神を「色《しき》・受《じゅ》・想《そう》・行《ぎょう》・識《しき》」の五つの要素に分けるが、「識」（認識の主体としての心）は、さらに「眼《げん》・耳《に》・鼻《び》・舌《ぜっ》・身《しん》（触覚）・意《い》（認識）」の「六識」に分かれる。唯識派では、「六識」にさらに潜在心である「末那識」「阿頼耶識」「阿摩羅識」を加えて「九識」とすることもある。

（注4）魂の転生のなかで何度も家族・友人などの身近な存在として出会っている者同士のこと。

（注5）幸福の科学の次元構造でいう8次元存在で、無限の愛を供給する人たちの住む世界。
（注6）『「ユング心理学」を宗教分析する』『フロイトの霊言』を参照。
（注7）『利己的な遺伝子』や『神は妄想である』などの著書が有名なイギリスの生物学者。無神論者で知られ、進化の基本的な単位を遺伝子に置く学説が注目されている。
（注8）人間は魂が肉体に宿り、この世で生きている存在であるという人生観。
（注9）宗教法人 幸福の科学の参拝・研修施設のこと。
（注10）八正道とは、「正しく見（正見《しょうけん》）、正しく思い（正思《しょうし》）、正しく語り（正語《しょうご》）、正しく行為し（正業《しょうごう》）、正しく生活をし（正命《しょうみょう》）、正しく精進し（正精進《しょうしょうじん》）、正しく念じ（正念《しょうねん》）、正しく定に入るべし（正定《しょうじょう》）」のこと。
（注11）永い転生で身についた魂の癖のこと。仏教で言う「業《カルマ》」。

第4章 生物学から見た人間

——木村 貴好博士との対談

木村 貴好（きむら・たかよし）

1971年生まれ。2001年筑波大学大学院農学研究科博士課程単位取得退学。博士（農学）。昆虫機能の化学生態学的解明と種分化について研究する。その後、農業生産法人において、関東甲信の生産者に、先進的な総合的病害虫管理（IPM）や土壌管理を中心とした栽培指導を行い、その実績を各研究会で報告する。茨城県生物工学研究所流動研究員として、天敵を用いた害虫防除法の研究を行ったのち、2008年、幸福の科学に奉職。現在に至る。

デカルトの哲学が生物学を発展させた

黒川　第4章では、「人間とは何か」をさまざまな観点から考えるに当たって、生物学の立場から見てみたいと思います。特に、「生物には魂が宿っているのかどうか」という論点についても、木村博士の知見を借りながら、考えてみたいと思います。

現在、科学の世界では、「人間機械論」などが前提となっているように思いますが、それについてどのようにお考えですか。

木村　生物学を含め、現在の自然科学の哲学的なベースになっているのは、デカルトの「霊肉二元論《れいにくにげんろん》」だと思います。「精神」と、「物質」あるいは「延長」と言われるものとを二つに分け、「物質」を科学の探究する領域であると哲学的に範囲を定めたことによって、物理学も生物学も発展しました。

そこで、生物もすべて物質として捉《とら》える学問の流れが始まったわけです。デカルトは、「動物機械論」ということも述べています。晩年、「動物精気《せいき》」ということにも言及していますが、それを血液のような、物質のようなものとして捉え、やはり動物を、ロボットのようなものとして扱っているようです。

それにより、生物学は「生物体学」として発展したところがあって、細胞や発生、遺伝の仕組みなど、生き物をすべて物質として分析し、解明する方向で学問が進みました。デカルトの哲学がなければ、生物学は、これほどの発展はしなかったでしょう。生物学は、生物の構造・機能についてさまざまな知識を提供し、医学、農学も含めて、人間の寿命を延ばし、数多くの人口を養うことに貢献しています。

一方で、生命そのものの探究、あるいは、「生と死の境界」の解明については、まだ方法論を見出せていないように感じています。

黒川　デカルトの「動物機械論」は有名ですね。確かに、渡り鳥の正確で規則的な移動や、アリやハチなどの巣作りなどを見ていると、動物が機械に見える気持ちも分かります。デカルトの「動物機械論」の根底には、聖書的世界観があるのではないでしょうか。「創世記」には、主なる神は、土の塵《ちり》で人を形づくり、命の息を吹き入れられたとあります。一方、動物は神の息吹が吹き入れられていないため、動物には魂や精神はないという見方ですね。だから、デカルトは「動物機械論」であっても、「人間機械論」ではありませんよね。

木村　デカルトは、神様を信じていますし、精神の存在を第一に考えていました。

黒川　デカルトは、人間と動物との違いとして、理性があること、会話ができることを挙げています。デカルトは、動物と違って、人間には身体とは別個に、精神、魂があるという認識で、「霊肉二元論」を説いています。その意味で、デカルトは、霊や魂を明確に認めているんですね。後世、「霊肉二元論」が唯物的に解釈されていったことは大変残念です。

木村　デカルトが二つに分けたうちの「精神」のほうは、今でも厳然とあるのですが、それを脇に置いて、物質界を扱う自然科学が発達してきたということですね。

生物に心はあるか

黒川　デカルトは、「会話できること」を人間の特徴として捉えています。実際、生物学の立場から見て、動物に、言葉とか会話とかはあるのでしょうか。

木村　それは、認める人もいれば、まったく認めない人もいるのですが、主流というか教科書に載るような言説では、動物のコミュニケーションや情感などを、脳のシナプスの結合であったり、ホルモンなどの化学物質の作用で説明したりすることのほうが、スマートに見える傾向にありました。私も専門では、生物の化学情報物質を介した〝会話〟について扱っていましたが、学術としては、化学反応や電位《でんい》応答で生物の反応を説明することに留まっています。

ただ、最近、「動物にも心がある」「死を悼《いた》む動物」などという内容の書籍は増えてきており、動物に感情を認める考え方は復活しつつあります。

黒川　なるほど。大川総裁は、『「人間学概論」講義』のなかで、「動物にも感情がある」とか、「ウサギも幾つかの人間の言葉を聞き取るのではないか」と指摘されていますが、生物学的にも動物のコミュニケーション能力は注目されているんですね。

木村　はい、そうです。例えば、イルカは知能が高いと言われていますけれども、気絶してしまったイルカを、左右から二頭の仲間が助け、鼻孔（噴気孔）が沈まないようにして寄り添って泳いだという事例もあります。また、溺《おぼ》れた人やペットのイヌを助けたり、種《しゅ》を超えて助ける例もあるようです。このような事例が数多く集まることで、デカルトが『方法序説』のなかで言っている「枚挙《まいきょ》の法則」ではないですが、一つの学問としての分野が成り立っていくのではないかと思っております。

手話を覚え人間とコミュニケーションができるゴリラ「ココ」

ほかに感動したのは、「ココ」というゴリラの話なのですが、ココは、飼い主とのコミュニケーションによって、ある程度の手話を覚えることができたのです。ある程度、会話ができるのですね。そのゴリラが「ペットが欲しい」ということで、飼い主はネコを与え、ココはそれを非常にかわいがっていたのですが、あるとき、そのネコは車にはねられて死んでしまうんですね。それを知って、ココは泣き続けたということが書かれていました。ほかの動物でも、仲間の死に際し、寄り添ったり、悲嘆したりすることが報告されています。

こういうことを、すべて神経や反射、ホルモンなどで起きているという解釈はできるかもしれませんけれども、私は、動物には心があると思います。ココは悲しかったのですね。

また、相手が見える仕切りがついた部屋に、サルを、それぞれ入れて行う実験をテレビで見ました。

片方のチンパンジーに、「緑のパイプを取ると自分ともう一方のパートナーもエサがもらえるけれども、赤のパイプを選ぶと自分だけしかもらえない」ということを学習させ、実験で二種類のパイプを選択させると、緑のパイプを多く選ぶようになったというものでした。これには、仲間への情愛のようなものがあるように思えますね。

また、同じような設定で、オマキザルというサルに、「石を研究者に渡すとご褒美のキュウリがもらえる」という条件をつけたあと、一方のサルには、石との交換でブドウを与えました。それを見た隣のサルは、期待するかのように石を差し出すのですが、研究者はそちらにはキュウリをあげるのです。すると、そのサルは、怒って、キュウリを研究者に投げつけるんですね。

私もそれを見て大笑いしてしまったのですが、サルにも、ある程度、自と他の差を理解し、嫉妬する心があるように見えました。

黒川　動物にも、そういう情愛とか、嫉妬とかという感情があるということですね。そうなると、「動物機械論」がますます怪しくなってきますね。

家族を見守る鳥に感じた心の存在

黒川　何かご自身にそのような体験はありますか。

木村　小学生の高学年の頃ですが、私の友達が、フェンスに止まっていたムクドリに、ふざけて石を投げたら、まだうまく飛べないヒナだったようで、ヒナが川に落ちてしまったことがありました。そこで、そのヒナを助け、布でくるんだりエサをあげたりして、玄関の段ボールに入れておいたのですが、翌朝、何かざわついているなと思って外を見たら、庭一面をびっしりとムクドリが埋め尽くしているのです。その凛《りん》とした雰囲気や、生き物の感情のようなものに直《じか》に触れたことで、生命の尊さを感じたことがありました。

人間と戦ってムクドリが勝つとは思えませんが、それでも、仲間を守ろうとして集まってきていることが衝撃でした。もしかすると、昨日からの一部始終をどこかで親鳥たちが見ていたり、ヒナが玄関で鳴いて仲間を呼んだりしたのかもしれませんが、何か説明できない生き物

都市部でもよく見られ仲間意識の強いムクドリ

の一面を肌で感じたことがあって、生物をより好きになるきっかけにもなりました。

また、大学のキャンパスでしたが、ツバメが巣をつくっていたので、ヒナの成長から、巣立って親子で飛び交う様子までを見ていた年がありました。そのとき、飛んでいた親ツバメが、校舎の壁に着地し、タイルを爪でつまんで止まるという行動をしていて、数羽の子供たちも、それをまねて、垂直の壁に止まる練習をしていたのです。親が教えて見せて、子供がうまくできないのでチャレンジするということを繰り返していたのですが、たぶん、海外の、渡り先の崖とかにつかまる訓練をしていたのでしょうね。

これを進化論的に言うと、たまたまそういう練習に見える行動を持ったツバメが生き残り、それをしなかった個体は滅んだという説明ができるのかもしれませんが、私には、どうしても、親が子供に愛情を持って育てているようにしか見えませんでした。

黒川　鳥や昆虫も含めて、動物には何らかの心というものはあるのではないかということですね。うちのベランダにスズメが巣をつくっているんですが、鳥であっても、親鳥がヒナを守ろうという愛情があるように感じます。

人間と動物の心の違い
――人間には尊いものを求める特徴がある

黒川　ただ、動物の情愛には、原初的な部分が強いのではないかと思うのです。やはり、人間は「社会的動物」であり、他人に貢献したり他の人をいたわったりと、お互いに協力し合うところが、最大の違いではないでしょうか。

木村　動物はやはり、その動物が持っているところの生物体の構造とか神経系とか刺激反応性とか、そういうレベルで制限されているところが強いと思います。

何か、内面の情念があるとして、それを外に示すところに限界というか、制限があるのではないかと思えます。

昆虫の話になって恐縮ですが、以前、ベッコウバチというハチがクモを狩るところを見たことがあります。ベッコウバチは、幼虫のエサとしてクモを捕らえ、それを巣穴に運んで卵を産みつけるのですが、その一連の習性を見ても、一定の知能が必要に見えるような行動をします。それで、そのハチがクモを運ぼうとしたときに、クロヤマアリというアリがそのクモを見つけ別の肢《あし》にかみついたのです。ちょうど、ハチとアリとが、クモを引っ張り合う争奪戦に出くわしたのですが、それを見て、もし、ハチが自由に行動できれば、とりあえず飛んで運ぶとか、クモを倒せるハチなのですから、いったんクモを置いて、そのアリを噛むなり針で刺すなりすれば済む話なのですが、そういう行動はできないんですね。そうしたところに、認識の限界があるんだなあと思ったことがありました。

結局、そのあと、アリのほうは何匹もぞろぞろと集まってきて、とうとう、べッコウバチはクモを置いて飛び立ってしまいました。
これは、昆虫のレベルの話ですが、やはり、知能が高いと言われている動物でも、人間との差は非常に大きく、動物の情感にはそうした限界があると思います。

黒川　では、逆に、生物学から見て、人間の特徴とはどこにありますか。

木村　未来をつくっていくところでしょうか。動物には、自己という起点を持って、未来を考えるような心は、明確には持てていないのではないのかと思います。

黒川　動物は、目の前の現実から離れられないということですね。

木村　そうですね。人間の特徴として言ってしまえば、「信仰」を持つ点、見えないものを信じる心が人間にはあると思います。

黒川　物理学者のリヒテンベルクは、「神への信仰は本能である。それは二本の足で歩くのと同じく、人間に生来備わっているものだ」と言っていたと思います。宗教は人類の歴史と共にあることが知られています。そうした意味で、人間は「信仰する動物」だと言えるかもしれませんね。人間に「信仰の本能」があることは、人間が神仏から創られた痕跡《こんせき》なのではないかと思います。

洋の東西における動物観の違い

黒川　少し戻りますが、対談の冒頭にデカルトの「動物機械論」が出ました。『「人間学概論」講義』では、「『動物にも魂があるかどうか』は、西洋と東洋で考えが異なる」（26ページ）と指摘されている通り、西洋では、「動物には魂がない」という見方が一般的です。ただ、反捕鯨団体とかイルカの保護団体とかは、イルカやクジラにも魂があると感じているのか、それを守ろうとしているようですね。
一方、東洋では、「動物には魂がある」という見方が多いように思います。仏教の発祥の地インドでは、「本生譚《ほんしょうたん》（ジャータカ物語）」のように、創作ではありますが、釈尊の前世としてのウサギの物語もありますし、人間が動物から生まれ変わったり、動物が人間に生まれ変わったりするという「輪廻転生観」があります。こうした動物観が「生き物の殺生《せっしょう》」を禁ずる「不殺生戒《ふせっしょうかい》」にもつながっているようです。

木村　釈尊の涅槃《ねはん》のときにも、動物たちが集まってきて悲しんだという話がありますよね。

黒川　印象的なシーンですが、動物たちの仏性《ぶっしょう》の顕《あらわ》れを象徴しているのかなと思えます。そして、仏教は中国に入っていきます。インドでは、「植物には魂がないけれども動物にはある」という見方がありますが、中国に入ると、「山川草木悉有《さんせんそうもくしつう》仏性《ぶっしょう》」ということで、「草木（植物）」にも魂、仏性があるという思想が、より広がってくるんですね。

植物も動物もみな、人間になったり仏を目指したりしている存在であるという見方もあります。

さらに、仏教が日本に来ると、「草木国土悉皆成仏《そうもくこくどしっかいじょうぶつ》」という思想が広がり、国土まで含めて、万物に魂、仏性が宿っているという考え方につながっていきます。

木村　宮沢賢治の童話でも、動植物だけでなく、森や岩が話をしていますね。

黒川　そうですね。その根本には仏教思想に加え、日本古来のアニミズム的な風土もあるのでしょう。

私も、熊本県の幣立神宮《へいたてじんぐう》という天御中主神《あめのみなかぬしのかみ》が祀《まつ》られているところに参拝に行ったことがあるのですが、奥深い阿蘇の森のなか、空に聳《そび》える杉の木立《こだち》が神々しく、その結界に入った瞬間、森も、小川も、大地も、一切が聖なる空間だと感じた経験があります。

木村　現代生物学の立場から言うと難しいのですが、デカルトからアリストテレスまで遡《さかのぼ》ると、魂は前提としてあるものと言われています。今言われた「魂」とは少し定義は違うかもしれませんが、「プシュケー」、ラテン語で「アニマ」を持っているものがアニマルですから、動物には魂があるということは、自然な見方なのかなということは言えると思います。

単に、それが古代の人の見方だということではなく、植物には植物らしい魂があるという見方は現代でも可能だと思います。アリストテレスは、植物は「栄養的霊魂」、動物は「感覚的霊魂」、人間は「思考的霊魂」というようにレベルをつけて、そういうものを持っていることを述べています。そう考えると、動物や植物の魂という点では『聖書』の背景が特殊なのかもしれません。

黒川　キリスト教と違ってギリシャ哲学では動植物に魂を認めていたということですね。実際、プラトンは『国家』で、それぞれの動物の魂には傾向性があることを指摘しています（『幸福の科学大学創立者の精神を学ぶⅠ（概論）』106ページ参照）。

人間に比べて動物の魂は個性化が弱い

黒川　幸福の科学教学には、すべての人間、動物、植物、鉱物に仏性が宿っているという教えがあります。ただ、私の感覚では、動植物の魂は個性化が十分に進んでいないように感じますが、どう思われますか。

木村　ストレートな答えにならないかもしれませんが、例えば、ゲーテは、「原植物」というものが視《み》えたと言っています（高橋編訳，1982）。そういう、理念的なものがあることを述べています。人間が眼で認識できるのは個体個体の生物ですが、「植物全体」あるいは「種」というものの実体があるのではないかという考えですね。そういう種のルールや制約が強く働くという意味では、動植物の個性というのは弱いと言えるのかもしれません。

そのようなことを言っている生物学者として、学界からは忘れ去られつつありますが、今西錦司《いまにしきんじ》という人がいます。すべての生物には社会があると捉え、西田哲学にも近いのですが、「種」あるいは「種社会《しゅしゃかい》」という存在について述べています。ハチやアリなどの社会性動物だけでなく、それぞれの生物にその種の社会があって、個体を統制しているというのです（今西，1984）。一方、現代生物学では、種は実在しないという学説があります。種は、語源的にも、イデアあるいはエイドス（形相《けいそう》）から来ているので、生物に魂を認めるかどうかということと、種を認めるかどうかということの根底には、共通の問題があるようです。
今西博士は、「直観」という言葉を使っていますが、それを通して視ると、すべての生物には「種」があって、それが、進化の主体でもあると主張しました。これは自然観というか、生き物の見方の問題なのですが、主客《しゅかく》を合一した境地で、直観などを総動員すると視えてくるものがあるのだと思います。

黒川　幸福の科学教学には、動植物の魂は個性を持ってずっと存在することは比較的少なく、それぞれの種の「群魂《ぐんこん》」に呑み込まれるとあります。科学的には、こうした「群魂」意識が、「種」の意識のように捉えられているのかもしれませんね。

「霊界の真相」とアニミズム的世界観との違い

黒川　ただし、アニミズムに基づく自然崇拝とは違って、幸福の科学では人間と動植物の魂の意識レベルに明確な差異があることが指摘されています。山川草木国土、一切、すべてがそのままで仏だということではなく、鉱物なり植物なり動物なり、それぞれがそれぞれの段階において、修行をしているのです。そのなかで、例えば、家畜となって、長年、生まれ変わり、人間の生活や感情を勉強しているうちに、特別に優れたものが、人間に転生してくることがあるということです。

木村　お話を伺うと、「動物、植物にはまったく魂がない」という見方も極端ですが、アニミズム的な、「すべて人間も動物も同じだ」という見方も逆の意味で極端かと思いました。けっこう、環境論者にはこういう考えが強く、ベジタリアンになったり、ディープ・エコロジー的な考えになったり（注1）、人間の尊厳を押し潰《つぶ》し、人間も生物も同列に扱ったりしがちです。「この地球では、動植物のほうが先輩なんだから人間より尊重すべきだ」というような意見もありますが、先ほど言われた、魂を認めつつ、それを段階論として考えることは、中道《ちゅうどう》的な感じがします。

黒川　そうですね。こうした幸福の科学的な人間観、動植物観は、非常に新しい視座を提示しているのではないでしょうか。

木村　そのあたりは、哲学・思想ではなく、宗教でないと示せないところではないかと思います。

黒川　そういうなかで、「霊長類」という言葉もありますけれども、霊的には、人間が一番上に立っているということは、「人間とは何か」を考える上でも、大事な視点かなと思います。

先ほど、今西博士の話も出ましたが、この方はサルの研究もされていましたけれども、「サルの研究を長年続けてきたが、サルを見ることで、人間が分かると思うのは浅はかであった」という発言をされていましたよね。

木村　はい。ある種、凄味《すごみ》のある言葉です。

黒川　やはり、「サルを研究しているだけでは人間は分からない」ということなんですね。そういう意味で、サルの延長線として「人間」を捉えることは間違いだと思います。

人間と動物の「社会性」「政治性」に見られる差異

黒川　もう一つ、人間と動物の社会性の違い、人間の「社会」と動物や昆虫の「群れ」との違いを考えたいと思います。人間の社会では、高度な「分業」が見られます。私たち一人ひとりは、この服も食べ物も眼鏡も時計もつくれないのですが、それをお互いに分業し合ってつくっています。

木村　ミツバチには、成虫になってからの日齢《にちれい》で、巣の掃除をしたり幼虫の世話をしたり、外に出て花粉を集めたりなどの分業はありますが、それは制限のある、自由意志ではない分業だと思います。人間は、自由意志で、組織をつくり、より高度なものを考えて生み出していくことができます。

黒川　昆虫のように生まれつき決められた役割ではなくて、人間は、自由意志、あるいは創造性を発揮して、例えば、「自分は宗教家になろう」とか、「芸術家になろう」と考え、分業がなされるというのが違いですね。

もう一つはやはり、「社会における精神性」も重要だと思います。アリストテレスも「人間は社会的動物である」と言っていますが、社会、共同体は、一つの精神的な目的を持っていると言っており、アリストテレスは、それを「共通善」と呼んでいます。人間には、この最高の幸福を、社会全体、共同体全体で求めていこうとする精神的な志向性があるのですが、動物の「群れ」ではこうした現象は見られないのではないでしょうか。

木村　先ほどの社会性のハチで言えば、ある巣の集団と、別の巣の集団が協力し合って何かをつくるということはないでしょうし、動物の群れでも、精神的な目的で協力し合うというのはないでしょう。

黒川　確かにそうですね。
　さらに、この『「人間学概論」講義』で指摘されているように、人間は「政治的動物」でもあります。政治には、一つの理想、ユートピアをつくっていく

花を訪れ花粉を集めているミツバチの働きバチ。ある程度の分業はできるが、生まれつき決められた役割を遂行していることが特徴。

という目的性が含まれています。そういうところに、人間の「社会」と動物の「群れ」との違いがあるのではないでしょうか。

木村　そうですね。おそらく「社会性」というところでは、先ほども今西博士の「種社会」の話がありましたが、生物と人間にも接点のようなところはあるとは思います。ただ、「政治性」というところになると、もう、生物にはないのではないかと思います。「価値ある未来をつくっていこう」という、高度で政治的な方向性で群れが賛同していくことは生物にはないでしょう。

黒川　そういう意味で、幸福の科学で「公的幸福」「ユートピア建設」を掲げていることは、人間性の最高峰に当たる「活動」であるかと思います。

木村　もしかしたら、そういう人間のよいところを見て、動物も育っていくというか学んでいくところがあるのではないかと思います。

黒川　人間が手本になって、生物の進化にも影響を与えていくということも、創造主の御心かもしれませんね。神仏が生物を創られたということは、生物界全体として、発展・進化を目指しているのだと思います。

そういった、一つの発展・進化という方向性に、人智を超えた大きな存在があるというほうが、自然な感じがします。

進化論を考える――遺伝子で生物はすべて説明がつくのか

黒川　話が「進化」というテーマに移ってきましたが、新しい「進化論」の流れとしてリチャード・ドーキンスが主張しているように、遺伝子が生物の動向を決定しているという説が広がっています。

木村　この問題は、第3章でもあったのかもしれませんが（本書101ページ参照）、ドーキンスは、「利己的遺伝子」ということで新しい進化論を説いたわけではなくて、一つの生物の見方を提唱しているのかと思います。

今まで、「進化論」といえば、生物個体を中心に見ていて、個体個体が、自然選択によってふるいにかけられていくと言われていたのですが、それでいくと説明できない現象があったのです。例えば、ミツバチなどの働きバチは自分では子孫を残せないのですが、女王バチや姉妹のために働いているように見えます。個体を単位として見ると、このような利他行動を自然選択説では説明できなかったのですが、自然選択にかかる主体を遺伝子レベルで捉えると、理論としては説明できると、ハミルトンやドーキンスが提唱したのです。その見方は、新鮮で流行《はや》ったところはあるのですが、あくまでも自然の見方の問題だと思います。

今西博士が、種を主体とした生き物の世界の見方や進化論を説いたのも、自然の一つの見方の提唱です。どちらの見方が合うかという問題だと思いますが、唯物論という土俵では、種を主体にする考えは実証面で弱かったのです。一方、ドーキンス以降、生物学では、確かに、遺伝子レベルでの競争について知見が増えた部分はあります。

ただ、そもそも遺伝子で、生物の構造や機能、行動のすべては解明できていません し、生物進化は、生物や地球が辿った歴史なので、これを理解するにはマクロな視点というか史観が要るでしょう。

ドーキンスは遺伝子の系統に着目しつつも、進化については、やはり、方向性のない偶然の変化と自然選択によって説明していますので、結局は、ダーウィンの進化論が正しいかどうかという問題になります。この説によって唯物論が支えられている面があるのですが、私は、同時に、唯物論のもとでしか、この説は有効でないとも思っています。

この自然選択説や遺伝子を主体とする選択理論は、知性では理解できます。唯物論的世界観で、進化を説明しようとすれば、知性的にすんなり理解できるのは、自然選択説なのかもしれません。ただ、人間には、理性や悟性《ごせい》があります。悟性で見ると、自然選択説というのはどうしても受け入れられないと思います。つまり、悟りを高めることでしか見えない自然観や生物観があると考えています。

そうした悟性を磨く部分が今後の研究テーマであると思います。

黒川　そうですね。自然科学においても、スピリチュアリティの側面を受け入れることによって見えてくるものがまったく違ってくるのではないでしょうか。

「偶然」と「自然選択」を信じている進化論者

黒川　一方、ドーキンスは、『神は妄想である——宗教との決別』という書籍も発刊していますが、これは「学問」という名を借りた「無神論」という「信仰」だと思います。「生物が偶然に進化した」という信仰です。私たちの考えでは、それは「必然」なのですが、進化論では、「偶然」、すなわち、「確率論による進化」で説明できると言うのです。本当にそれが確率論で説明できるのか疑問ですね。

例えば、人間の体は、ものすごく精巧なものです。大川総裁は、『「幸福の法」講義①』で、「『砂利《じゃり》やセメント、鉄骨、それから、足場を組む木や鉄棒など、いろいろな資材を千坪ぐらいの土地に転がしておいたら、風が吹いたり、熱が加わったり、動物が引っ張ったり、いろいろなことがあって、気がつくと五階建ての建物が建っていた』などということを、みなさんは信じられるでしょうか」（39ページ）という譬《たと》えで説明していますが、絶対信じられないですよね（笑）。建物よりも、はるかに複雑で精巧な人間というのは、たとえ、何十億年かかったとしても偶然にできるはずがありません。「確率論」の域を超えています。

木村　まさにその信じられないことを信じているのが、「進化論者」ですね。

黒川　人間の眼は最も精巧なカメラよりも精密だと言われていますね。ガラス体、角膜《かくまく》、水晶体、毛様体《もうようたい》、視神経、網膜《もうまく》など、30以上に機能分化された精密な器官が集まって、人間の「眼」になっています。これらのどれか1個でも欠ければ目は見えず、彼らの理論では「淘汰《とうた》」されてしまいます。こうした極めて精巧な器官が偶然に一気に進化したということは考えにくいのですが、それをどう説明するのでしょうか。

木村　それをできると主張する人は、その根拠を、すべて自然選択に負わせています。ドーキンスも『盲目の時計職人』のなかで、「各段階段階で、少しでも有利であれば自然選択で残る」ということを言ってはいるのですが、やはり、その説を信じるかどうかだと思います。同書では、ランダムに打たれたアルファベット二十数文字の文字列が、複写のミスと累積的な淘汰によって、意味のある文章にできるという比喩で説明していますが、そうした方法で『源氏物語』が書かれたと言われて信じるかどうかですね（ドーキンス，２００４）。

黒川　私もしょっちゅうタイプミスをするのですが、一度たりとも、まともな文章になった試しがありません（笑）。"This is a pen."という極めて単純な文章でさえ、偶然完成する確率は28の14乗＝1・8垓《がい》（垓＝10の20乗）分の1です。1秒間に1回のタイプミスをしても、約6兆年かかります。宇宙の年齢よりも長くなってしまいますね。何十億年、タイプミスを続けても、『源氏物語』は絶対に完成しません。

先ほどの例で言えば、眼を持つものと、持たないものの中間的な存在というのは、証拠として残っているものなのでしょうか。

木村　例えば、原始的な生物が表皮で光を感じるようになり、そこから、少しずつくぼみのようなものができて、光を認知する器官が少しずつ発達してきたと説明されているのですが、私は、カンブリア紀（約5億4000年前）の三葉虫《さんようちゅう》を見ても、いきなり出来上がった複眼を持って出現しているように思います。

黒川　しかし、そういう中間的な過程は発見されていないものも多いですし、偶然に一気に進化したならば、確率論的には無数の失敗作が生まれているはずですが、そうした痕跡も見つかっていません。

したがって、飛躍的進化がありえたとしても、それは「必然」ではないかと思います。そこには「設計者」を想定したほうが自然ではないかと思うのですが、いかがでしょうか。

木村　遺伝子プログラムという言葉はよく耳にしますが、プログラムということは書いた人がいることを前提にしていますよね。進化論者にとっては、それが自然選択なのでしょうが。

冒頭の話に戻りますが、デカルトの二元論によって抽出された「精神」は、物質界に対して何もしていないのかという論点が残っています。そこには神様も、そうした知的な設計者もいれば、愛や意志、目的もあって、それらが物質に働きかけていると考えれば、偶然論と自然選択説が担う領域は非常に狭くても済むのです。それこそ、先ほど話題に出た「群魂」という精神存在が、各生物個体の経験を共有するならば、合目的的な進化に関係しているように思います。

神仏が創られた存在目的に基づく進化について

黒川　以前、ジョージ・W・ブッシュ元大統領が支持していたことで有名になった「インテリジェント・デザイン」（注2）という進化論があります。これを「アメリカの公立学校でも教えるべきだ」と主張している人々もいると思いますが、人知を超えた存在が、「偶然」ではなくて「必然」として進化をもたらしたという学説ですね。

木村　精神や神、知性が、生物を進化させるという考え方だと思いますので、私も、その考えには近いものがあると思っております。

精神が、目に見える自然界を導いているということは、ドイツ観念論哲学のシェリング等の自然哲学でも説かれています。精神の働きかけによって自然の進展を説明する哲学があったのですが、そういう哲学によれば、インテリジェント・デザインも学問として説明できるのではないかと思います。

インテリジェント・デザインは、キリスト教的な見方が濃い、アメリカで支持されている理論だと思います。一方で、アメリカには強烈な進化論信者がおりますし、『聖書』をバックボーンにした「進化などない」と考える人たちもいます。ファンダメンタリズム（原理主義）の人たちは、生物は神が創ったそのままの姿で進化しないという信念を持って、それぞれ強烈に自説を主張していますね。そこで、神もいて生物も進化したという折衷的《せっちゅうてき》なところで、インテリジェント・デザインが浸透しているところはあると思いますが、アメリカの進化論事情は錯綜《さくそう》していて難しいところがあるようです。

むしろ、日本のような、『聖書』的な自然観、世界観に縛られないところで、自由に、進化論について議論できることが望ましいと思います。

黒川　インテリジェント・デザインも、まだ試行段階かと思いますが、進化を司る、あるいは設計図を描いた人がいるという見方は、幸福の科学の考え方にも近いのかと思います。幸福の科学では、生物の進化に当たっては、神仏がより高次な理念、概念を与え、それに基づいて肉体が進化していったと説かれています。動物にしろ、植物にしろ、神仏が存在目的を与え、それに基づいて、肉体が進化してきたという見方です（『ユートピア創造論』55ページ）。

その意味で、今後、「進化論」が根本的に変わる可能性があります。

木村　そういった目的が、環境などの変化によっていろいろと変わっていったときに、生物たちも変化していくということがあるのではないでしょうか。

黒川　そうですね。「偶然」ではなく、「目的が先にありき」という考え方が「進化論」を根本的に覆す可能性がありますね。

ダーウィンとウォーレスとを比較して

黒川　幸福の科学では、ダーウィンとウォーレスの霊言が発刊されています（『進化論―150年後の真実』）。それによって、ダーウィンは、死後、非常に暗い洞《ほら》穴《あな》、洞窟《どうくつ》のようなところに閉じこもっていることが明かされました。これは、「無意識界」といわれるような、一つの隔離されたような世界、地獄界にいるという状況です。
それに対して、ウォーレスは、生前、神秘主義にも心酔された方ではあるのですが、霊的な存在、神仏、高次な存在が進化を司っているのではないかと霊言で述べています。ウォーレスは、実際、科学者として生きていたときにはどういう方だったのでしょうか。

木村　ウォーレスは晩年、『生物の世界』のなかではっきりと、ディレクティブ・マインド（指導的精神）、あるいは、普遍的神霊などの存在を前提とした進化論を展開しています（赤木訳，1942）。
一方で自然選択説も展開しています。進化という現象は存在する。それをいかにして説明するかということで、科学者として自然選択説を

『進化論―150年後の真実』ダーウィンとウォーレスの霊言により、二人の死後の明暗が判明した。

認めつつ、高次な世界観も持っているので、同じく科学者として霊的な存在が導いていることを述べています。

例えば、植物を含め、「自然は地球という環境を準備して、人間の修行環境を整えている」というような、非常に大きな世界観を説いております。

それで、ダーウィンとウォーレスは、進化論の同時発表者とも言われています。実際、ダーウィンが20年ぐらい進化論を温め、考えを練り続けていたことも事実なのですが、ウォーレスは1週間ぐらいで思いついたアイデアをダーウィンに送り、それがダーウィンを驚かせ、急いで学説を共同発表したことになっています。

ただ、自然選択についての二人の学説には違ったところがあるのです。ダーウィンの自然選択は、栽培者が品種を選択し育種する「人為選択」をモデルにしています。人間にとってふさわしくない性質は間引き、都合のよい系統を選抜し、栽培品種がつくられます。また、ハトの品種改良においても、首に巻き毛があったり、頭に冠があったりする系統を選抜して、人間がかわいいとか美しいと思う表現型を選んでいきます。ダーウィンは、そういう「人為選択があるから、自然選択もある」という論の立て方を行っています。

一方、ウォーレスは逆で、そうした栽培品種を自然環境に放すと原種に戻ることをもって「自然選択」と考えました。栽培品種は、例えば、熟しても種が落ちないなど、人間に都合がよく植物にとっては都合が悪い性質が選抜されているので、自然界では栽培種は淘汰され野生種に戻る傾向があります。その機構で進化を説明しているのです。

ここには哲学的に根源的な違いが存在すると思っています。選択というのは、意志を伴うものであって、これは、デカルトの二元論で言うと精神の側にあるんですね。3次元の物質界には、何かを比較して選んでいく主体はないはずでした。ダーウィンは、それを科学の世界に持ち込んで進化論を立てたところに、哲学的な間違いがあると思うのです。これは、一種の擬人化で、明らかに科学の範疇《はんちゅう》を超えています。

ウォーレスは、物質界で完結した範囲で自然淘汰を説きつつ、晩年、物質より高い次元である精神の働きかけによる進化論も考えているので、かなり違いがあると思います。

黒川　一方、ダーウィンは、「自然選択」において「偶然」という名の神を想定したわけですね。

木村　そうですね。神が自然を創ってきたということは、それまでもペイリーなど、自然神学として説かれてきたことではあるのですが、その神を、「偶然という神」に置き換えてしまったということはその通りだと思います。

黒川　「偶然」という神を祀《まつ》ることで、無神論の矛盾を説明してしまおうという強い意志があるように思いますね。

ウォーレスは、霊言（先述）のなかでも、「ダーウィンの同時代に、ウォーレスという人間を出すことによって、神は〝大きな疑問符〟を同時に置かれた」（150ページ）ということを述べていますが、彼の存在自体が「ダーウィンは必ずしも正しいものではない」ということを示す、大きな天意《てんい》なのではないかと思います。

真の人間学から生物学へ

黒川　やはり、こうした「進化論のねじれ」を解消すべく、今後、「進化論」の真相を探究していかなくてはならないと思います。

木村　今、『「人間学概論」講義』が説かれ、「人間とは、魂と肉体が合体した存在として、この世で、人生修行を送っているものである。前世から、この世に生まれてきて魂が宿り、人生修行をして、あの世に還るものである」(44ページ)という、人間としての新しい定義を頂いたわけです。私は、「生物学」があって「人間学」があるというのではなく、この新しく示された定義のもとで「人間学」が研究され、それによって真の「生物学」というのが分かってくるのではないかと思います。

既存の人間学でも、生物学から人間を考えるという試みはあったと思いますが、唯物論的な見地から明かされた生物学や進化論の知見のみで、人間や人間精神まで規定するということでは、不完全なものになってしまうでしょう。

黒川　こういった「新しい人間学」「新しい人間の定義」が、生物学にパラダイムシフトをもたらす可能性があるということですね。

木村　そうですね。今までの生物学の延長では、やはり、合目的性のところなどで限界が来ていると思うのですが、そこを乗り越える力が、人間幸福学にあるのではないかと思います。

黒川　大川総裁は、『永遠の生命の世界』で、「この森羅万象《しんらばんしょう》の生きている姿、動物や植物、昆虫、魚類等の生きている姿、千変万化しながら生きている姿を見て、『やはり、この生命を育んでいる、大いなる力が働いている』と見える人と、それがまったく分からない人との、人生観の違いは大きいでしょう」（34ページ）と説かれています。

真実の人間観、人生観を持ち、そして、さまざまな生物のなかにも、大いなる力を見出せるような生命観もまた持てるとよいですね。

そして、この『「人間学概論」講義』では、「人間は、その教育を受けて価値観が出来上がってくるわけですけれども、その教育のなかに間違いがあった場合には、見ている世の中はずいぶん変わったものになってくることがあります」（113

‐114ページ）とあります。やはり、真理を探究し、教育に「正しさ」を確立していくことが大切であると思います。本日は誠にありがとうございました。

（注1）ノルウェーの哲学者アルネ・ネスが提唱したエコロジーの概念で、従来の人間のための環境保護という考え方ではなく、環境保護それ自体を目的とし、人間の利益は結果に過ぎないと考える。

（注2）何か知性的な存在が生命や宇宙を設計したとする説。

第5章 最終結論としての「人間とは何か」

——『人間学の根本問題』を読む

『人間学の根本問題』
大川隆法著／幸福の科学出版

諸学問は「人間」をどう定義してきたか

本書では、第1章で「人間とは何か」という命題を採り上げ、第2章から第4章にかけて、哲学、心理学、生物学の専門家との対談を通じて、「人間とは何か」を探究してきました。本章では、本書のまとめとして、「新しき人間観」を提示したいと思います。

まず、学問における「人間の定義」から考察してみたいと思います。

「人間」に対して「ホモ＝サピエンス（*Homo sapiens*）」と命名したのは、18世紀の生物学者リンネです。“*homo*”は「人間」、“*sapience*”とは「知恵」を意味するラテン語であり、「ホモ＝サピエンス」とは「知恵ある人」を意味します。それ以外にも、以下のように、多くの学者が学問的に「人間」を定義しています。

・ホモ＝サピエンス［*Homo sapiens*］英知人……人間の「考える能力」を重視した人間観、スウェーデンの生物学者リンネ（『自然の体系』）
・ホモ＝ポリティクス［*Homo politicus*］ポリス的動物……「政治的動物」「社会的動物」としての人間観、古代ギリシャの哲学者アリストテレス（『政治学』）
・ホモ＝ファーベル［*Homo faber*］工作人……人間の「創造する能力」を重視した人間観、フランスの哲学者ベルクソン（『創造的進化』）
・ホモ＝ルーデンス［*Homo ludens*］遊戯人……人間の「遊戯する要素」を重視した人間観、オランダの歴史家ホイジンガ（『ホモ・ルーデンス』）
・ホモ＝パティエンス［*Homo patiens*］苦悩人……「苦悩する存在」を重視した人間観、オーストリアの精神科医フランクル（『苦悩の存在論』）
・ホモ＝シンボリクス［*Homo symbolicus*］象徴的動物……「言葉や象徴」を操る動物としての人間観、ドイツの哲学者カッシーラー（『人間』）

前頁のように多くの学者が「人間」に関して多様な定義付けを行っています。それぞれ「人間」の定義として、一理あるようにも見えますが、どの定義も、それぞれの学問分野から覗《のぞ》き見た「部分的な人間観」に過ぎず、「人間」の全体像を摑《つか》み切れていません。

次節以降では、本書のまとめとして、「哲学」「医学・心理学」「宗教」から見た「人間観」を総括していきたいと思います。

哲学は「魂の不死性」を認めることから始まった

第2章の伊藤淳《じゅん》氏との対談においては、そもそもソクラテスやプラトンは人間を霊魂と肉体からなる存在として見ていたことが指摘されています。伊藤氏は、「プラトンの時代では、『魂は存在する。人間の本質とは、魂である』ということは、あまりに当然のことでした」と述べています。
実際、プラトンはその著書『パイドン』（松永他訳，1975）において、死に向き合うソクラテスを通じて、「魂の不死性」を次のように説いています。

魂は、不死であり、不滅であり、そして真実のところ、われわれの魂はハデス（※編集注。冥界《めいかい》）に存在しつづけることになるのだ。（中略）人が死ぬと、その生存中からすでにそのひとを守護すべく、各人を選びとっていた神霊（ダイモーン）が、ひとりひとりをかの或る場所へと導いていこうとする。さて、そこに集められた死者たちは、裁きのまえに立ち、しかるのちにこの世からの者をかの世へと旅させる使命をおびた、いまのべた導き手とともに、ハデスへの旅をつづけねばならないのである。そしてかのところで出遭うべきさまざまな出来事にであい、留まるべき時のあいだ留まれば、ふたたび別の導き手が、その者たちをこの世へと連れてくるのだが、その間には、じつに長い時のめぐりが、しかも幾度となく重ねられていくのである。

プラトン『パイドン』

ソクラテスについても、第2章で伊藤氏が「ソクラテスが自らの最期を通して示したことは、『この世の生命よりも、尊いものがある』ということです」と指摘しているように、ソクラテスがあえて毒杯をあおいで守ろうとしたのは、「魂の不死性」「魂の永遠性」を前提としているものです。このことについて、ソクラテスは霊言で以下のように述べています。

私が探究した哲学なるものを、別な言葉で言うと、結局、「魂の研究」なんだよ。やったことは魂の研究なんだ。

徳についても、ずいぶん探究はしたのだけど、「徳とは何か」というと、私の答えは「魂の健康」なんだよ。魂の健康を求めることが、哲学することであり、「徳」を実現することなんだよ。
だから、私は魂の健康を求めていた。肉体の健康のほうは、毒ニンジンを飲めば、毒杯をあおれば損なわれるけども、魂の健康が損なわれないほうを取ったわけね。

『ソクラテスの幸福論』91ページ

哲学における「人間機械論」の台頭

このように、ソクラテスやプラトンが「魂の不死性」を前提として哲学を展開したのにもかかわらず、時代が下るとともに、哲学から霊的な側面が排除されてきた歴史があります。大川総裁は次のように述べています。

哲学で言えば、ソクラテスやプラトンが言った「霊魂説」のようなものを、現代の哲学者は数学や記号論理学の世界に封じ込めており、いったい何を研究しているのかが分からない状態になっています。

人生論的に哲学を説く人であっても、実存主義哲学の立場であれば、要するに、「あの世も神も天界も関係なく、人間は、ただ、『サイコロを振って、どのような目が出たか』という感じで、ある夫婦のところに、突如、ボンと偶然に生まれ、そこから、いろいろな運命に翻弄されながら、生きていかなくてはならないのだ」というような考え方をします。

要するに、〝記憶喪失症〟にかかって過去が分からず、未来については手探りで生きなくてはいけない人間、それが、実存主義的な哲学で言う人間像だろうと思うのです。

これは、ソクラテスやプラトン、アリストテレスあたりが考えた人間像から見ると、ある意味で、「そうとう川を下ってしまったレベルに来ている」と感じざるをえないと思います。

『人間学の根本問題』15‐16ページ

哲学の「人間観」が唯物化した一つの極みとして、ホッブズの「人間機械論」を挙げることができます。ホッブズはデカルト以降の「機械論的自然観」に影響され、「『心臓』とは『ぜんまい』、『神経』は『線』、『関節』は『歯車』のことであって、これらのものが全身に、製作者によって意図された運動を与えているにほかならない」（永井他訳，1979）と述べ、「人間機械論」を展開しています。現代で言えば、「人間はロボットに過ぎない」という学説です。

ホッブズは、こうした「人間機械論」に基づき、人間は、自己保存の欲望によって動かされる「欲望機械」と考え、その帰結として、「あらゆる人のあらゆる人に対する戦争」（自然状態において、あらゆる人間は相互に傷つけ合うといった意味）という社会観を呈示しています（工藤訳，2004）。

こうした「人間機械論」に基づく唯物的人間観は当然ながら、その帰結として、破壊と闘争に満ちた社会をもたらします。

大川総裁も、「中国のように、表向きに無神論・唯物論を立てているようなところでは、必ず、『人権弾圧』が繰り返し繰り返し出てきます。どうしても、『人間機械論』的な思想が背景にあるからでしょう」（『新しき大学の理念』60ページ）と指摘しています。

一方、第4章の木村貴好《たかよし》氏との対談の冒頭で話題となったように、デカルトは、動物は機械であるが、人間は機械ではないと捉《とら》えています。その理由として、以下の2点を述べています。

第一に、人間は「自分の前でいわれるすべてのことの意味に応じたこたえをするために、ことばをさまざまに排列する」（野田他訳，1978）、第二に、「理性は普遍的な道具であってあらゆる種類の機会に用いうるものであるに対し、それら（機械）の器官は、いちいちの個別的な行動のためになんらかの個別的な配置を必要とする」（同）ことを挙げています。

すなわち、人間は言語能力や理性を有しているから、動物とは違う（機械ではない）のであり、「人間は肉体とは別に、魂を宿しているのだ」と指摘しているのです。デカルトの「霊肉二元論」を唯物的に捉える向きもありますが、デカルト自身は「霊魂の存在」を証明しようとしていたのだと考えられます。

哲学における原点回帰の流れ

哲学においても、「人間機械論」が強まるなか、こうした流れを見直す動きも出ています。フランスの哲学者アンリ・ベルクソン（1859‐1941）は、機械論的人間観を克服する「生の哲学」を展開し、霊魂の実在を認める見解を示しています。ベルクソンは「個人の死後存続」（survivance de l'âme）に関する「三つの証拠」として、以下の3点を示しています。

第一は、現世において彼岸に参与していると感ずる神秘家の経験、これはけっして彼岸を排除するものではない。（中略）第二は意識、つまり、この世において、すでに、身体的器官としての大脳から無限に溢れている魂。これは『物質と記憶』の論拠だ。最後に、第三に、心霊学は、肉体の目で見える機構によって、死後存続の、低位部分のなにものかを知覚させてくれる。これは、おそらく死後存続ではないのだろうが、このような証言は、現代の人間にとって重みのある唯一のものと思われる。

ジャック・シュヴァリエ『ベルクソンとの対話』

結局、「魂の不死性」を認めることから始まった哲学は再度、その原点に帰らなければならないと考えます。

イギリスの哲学者カール・ポパー（1902－1994）は、『開かれた社会とその敵』という著書で、プラトンが〝イデアの世界〟と称しながら、霊界の世界を哲学のなかに持ち込み、この「プラトンの呪縛」によって、人類は呪術的で部族的な「閉ざされた社会」に押し込められ、世界が暗黒になったと批判しています。（内田他訳，１９８０）。
しかし、事実はまったく逆であり、大川総裁は、「霊的世界」こそが「開かれた世界」であり、霊的世界を認めない実証的、合理的、科学的な世界こそが「閉じられた世界」であると指摘しています。

『開いた社会とその敵』（The Open Society and Its Enemies, 1945）という本があります。二十世紀の哲学者、カール・ポパーという人が書いた本です。ポパーは、このなかで、「プラトンの呪縛」ということを盛んに語っております。（中略）
ポパーは、実証的、合理的、科学的な世界こそが、「開いた社会」であるとしています。ですから、魂のことや、あの世のことを持ち出して、人間を呪縛することは、蒙昧主義《オブスクランティスムス》のなかに人間を閉じ込める、いわば、「閉じた社会」の構築にほかならないとしているのです。

カール・ポパーの、この畢生《ひっせい》の大著を書くためについやした膨大な研究時間と、その努力には敬意を惜しみません。しかし、彼の思想は、はっきり言って、間違っています。すなわち、合理主義の名の下に、人間を閉じた世界に導いているのがポパーであり、その逆に、開いた社会へと導いているのがプラトンなのです。

『黄金の法』74-76ページ

哲学は今こそ、原点に立ち返り、「人間とは何か」「人間の本質とは何か」に答えるという「哲学の使命」を果たさなければなりません。

「人間とは何か」「人間の本質とは何か」という問いに答えることは、哲学の使命でもあったはずですが、現代の哲学は、それに答えることができていません。また、「人間機械論」に陥っている現代の科学も、この問いに答えられずにいます。

しかしながら、今、幸福の科学は、この問いに対して、きちんとした答えを出しているのです。

『不滅の法』153‐154ページ

「魂の健康」を求める医療改革を

第1章で述べた通り、大川総裁は霊的視点に基づく「人間の定義」を明らかにしています。

『「人間学概論」講義』では、人間と動物の違いや人間とロボットの違い等を示し、「人間を人間たらしめているものは何か」ということを述べ、「やはり、魂の存在は認めざるをえない」ということで、「魂と肉体が合体し、この世で人生修行を行っているものが人間だ。あの世から来て肉体に宿り、この世で魂修行をして、あの世に還っていく。これが人間だ」というような定義を行いました。

そして、「魂の研究を避けて通っているようでは、医学や哲学、仏教学等は、その使命を放棄しているのと同じであり、未来においてぶち当たっていく生命倫理の問題には、おそらく答えられないだろう」という問題提起をしたつもりです。

『人間学の根本問題』13ページ

実際、医学や生命倫理の世界でも、「魂の研究を避けていってよいのか」という疑問は世界的に強まっています。例えば、WHO（世界保健機関）憲章では、その前文のなかで「健康」について、次のように定義されています。

Health is a state of complete physical, mental and social well-being and not merely the absence of disease or infirmity.

（健康とは、病気でないとか、弱っていないということではなく、肉体的にも、精神的にも、そして社会的にも、すべてが満たされた状態にあることをいいます。）

この憲章の「健康」の定義について、１９９８年に次のように改める提案がなされました（追加部分は傍線）。

Health is a dynamic state of complete physical, mental, spiritual and social well-being and not merely the absence of disease or infirmity.

（健康とは、病気でないとか、弱っていないということではなく、肉体的にも、精神的にも、霊性的にも、そして社会的にも、すべてが満たされた動的状態にあることをいいます。）

すなわち、WHO執行理事会は、「健康の条件」として、"physical"（肉体的）、"mental"（精神的）に加え、"spiritual"（霊性的）という定義を加えることを、総会提案とすることを賛成22反対0棄権8で採択しました。結局、この提案は討議の議題から外されましたが、この提案が世界に与えた衝撃は少なくありませんでした。

例えば、スピリチュアル医療の現場では、"physical health"（身体的健康）"mental health"（精神的健康）"spiritual health"（霊性的健康）の3要素が指摘されています（本書95 - 96ページ参照）。

そして"spiritual health"とは、「人生においてどんな経験をしても自分自身がどう変わっても、自分の存在に意義と価値があることとの確認」であるとされています（キッペス，2012）。これは、「霊的人生観」に基づき、人生のあらゆる体験を「魂の糧《かて》」と考えていく幸福の科学教学に近い考え方です。

例えば、病気をしたとき、「だから、不幸なのだ」という捉え方もあります。しかし、病気をすることによって、「神の愛」や「生かされていることとの意味」を感じ、他の恵まれない人たちや苦しんでいる人たちの気持ちが分かるようになり、「今、自分は神のそば近くにある」ということを実感できるのであれば、病気をしたことであっても、幸福論の一部に加えることができるようになると思うのです。

『人間学の根本問題』30ページ

本書第3章で千田要一氏が指摘しているように、現在の医療や臨床心理の現場においては、精神疾患に対して薬で症状を抑えることに比重が置かれていますが、新しい人間学を基礎とする医学からは、人間の霊的健康をも考慮し、魂そのものを癒す医療が期待されます。例えば、大川総裁の「過去世リーディング（注1）」や「カルマ・リーディング（注2）」などによって、病気が治る事例も多くあります。

私は、「過去世リーディング」や「カルマ・リーディング」なども行っていますが、普段は大きな法を説くことのほうが多く、個人の相談に乗ることは、数としてはそれほど多くありません。

ただ、その人の病気、あるいは現在起きている現象の理由を、深層心理にまで穿《うが》ち入って探究し、探り当てたものを本人が納得した場合に、「信じられないような現象」が数多く起きています。

そうした、心の病が治るというだけでなく、現象的な病気、例えば、ガンやアトピーなどの皮膚病、その他、心臓系統や脳の病気など、いろいろな病気が治っていきます。

特に、医学的にはかなり厳しいもの、あるいは、「最終局面に入っている」と言われるものでも、一瞬にして〝崩壊〟していくようなこともよくあるのです。

例えば、アトピーなどはよく分かりますけれども、「人に見られるのも嫌だ」という気持ちになるほど皮膚の荒れている人が、ツルツルの皮膚になってしまうことがあります。

これなどは、誰が見ても明らかに実証できることですが、「これが理由です」と、その人の心の原因を探り当て、それを本人が納得した段階で、改善が始まるのです。


『「幸福の心理学」講義』18 - 20ページ

千田氏も「今、薬の過剰投与がすごく問題になっていますが、医学が唯物論をやめて、霊性を認めたら、医療予算が半分で済む可能性だってあります」と言っています（本書100ページ参照）。今、日本は毎年1兆円を超えるペースで、社会保障費が増大し、国家破産の危機さえ招きかねない状況にあります。今こそ、医学は「唯物論的人間観」を改めるべきです。

宗教においても「人間の本質」が忘れられている

また、宗教や宗教学、仏教学等においても、同じく唯物化する傾向が見られます。大川総裁は以下のように指摘しています。

また、宗教の面でも、同様のことが言えます。

仏教学、これをインド哲学と言ってもよいのですが、仏教学のほうでも、いわゆる哲学的にのみ追究するほうが、どちらかというと学問的に見え、〝かっこいい〟ところもあるのでしょう。

そのため、釈尊の教えのなかで、できるだけ、「無霊魂説」に見える部分、「人間の魂というものは、もともと、存在しないのだ」というように受け取れる部分を取り出し、それを拡張して、何とか、そういう〝迷信〟にとらわれた宗教から逃げ出そうとしています。

そして、「人文科学など、医学も含めた科学の領域と協調し、学者として肩を並べられるような世界に入りたい」と思っているらしいことが、よく分かります。

現在、仏教学を教わっている人たちには、だいたい、お寺の僧侶の子供が多く、宗教学を教わる人にも、お寺の僧侶の子供や神社の神主の子供が多いのです。また、神学部へ行く人には、牧師の子供もいることはいます。

いずれも、「僧侶や神主等を職業として、家の跡を継がなくてはいけない」という理由で、「その宗教について学問的に学ぶ」というかたちになっているわけですが、肝心の〝魂〟が入っていないというか、学問のなかに〝命〟がこもっていないように見えます。

『人間学の根本問題』16-18ページ

唯物化した仏教学の例としては、鈴木大拙《だいせつ》の後継者を自認している禅学者の秋《あき》月龍珉《づきりょうみん》が「私は、霊魂を認めない。あの世も信じない。輪廻転生も否定する。三《さん》世《ぜ》の因果も信じない。葬式だの法事だのいう死者儀礼は本来の仏教とは関わりなかった。仏教は、無神・無霊魂論なのだから、霊魂どころか、『神も仏もあるものか』などというような仏も認めない」(秋月，1993）と述べています（『信仰告白の時代』第6章参照）。

大川総裁も、中村元博士などの「神秘的要素」を取り去った現代仏教学の間違いについて、「仏教の悟り、つまり、『仏陀が得た真理』というもののなかには、『この世とあの世にかかわる真理』と、『霊魂と肉体との相関関係にかかわる真理』があったということは、明らかだろうと思うのです。／これを無視して、文献学的に見たもの、今で言えば、活字としてだけ見た、知識的なものを暗記してマスターできれば、『悟った』と言えるようなものではなかったことは、明らかです。おそらく、ここに間違いがあったと推定されます」（『比較宗教学から観た「幸福の科学」学・入門』50ページ）と指摘しています。仏教学は釈尊の原点に立ち返る必要があります。

キリスト教の「人間観」――「神の似姿」としての人間

次に、キリスト教の「人間観」を考察します。『聖書』には次のようにあります。

神は言われた。「我々にかたどり、我々に似せて、人を造ろう。そして海の魚、空の鳥、家畜、地の獣、地を這うものすべてを支配させよう。」

神が人間を「我々のかたちとして、我々に似せて」創られたとは、すなわち、人間とは「神の似姿」として創られたということです。これは、幸福の科学の人間観とも共通性があります。

「創世記」1章26節

神様は念《おも》いで人間を創り、宇宙を創られました。私たちは、その神仏の子供なのです。神仏の子として、まったく同じ力を持っているのです。この神の創造性というものは、人間の念いそのものに実は託されているのです。自分の念いひとつで、自分を変え、世の中を変えていく力をみんな持っているのです。

『理想国家日本の条件』214-215ページ

幸福の科学の「人間観」は、このように、神仏によって創られた「神仏の子」としての人間像が特徴となっています。

キリスト教神学においても、旧約聖書の「かたどり、似せて」という言葉は、「不滅の霊魂」「知性と意志」を有した「神の似姿」として解釈する説があります。また、「似せて」という言葉は、旧約聖書ではアダムとセトとの間でも「かたどり、似せて」という表現が使われていることから、「親子」という意味合いがあるとする説があります（和田他，１９９４）。

これは、幸福の科学の「仏の子」としての「人間観」に通じる考え方であると言えます。

人間は「神の子」か、「罪の子」か？

ただし、キリスト教には「人間罪の子」という特徴的な思想もあります。『聖書』にある通り、神はアダムとイブに「知恵の樹の実」を食べることを禁じましたが、蛇がイブに「禁じられた知恵の実」を食べるように勧め、イブはそれを食べ、アダムにも食べるよう勧めました。このことについて、大川総裁は以下のように指摘しています。

キリスト教では、「主なる神が、アダムとイブを、リンゴ（知恵の樹の実）を黙って食べた罪により、エデンの園から追い出した」という神話を信じていますが、それが本当であれば、この神は、ずいぶん心の狭い農家のような神であると私は思います。

その神を想像してみるに、「うちのリンゴを盗《と》って食べただろう。町から追い出してやる」と言っている、農家のおやじが思い浮かんでくるのです。

そういう神話を持ってきて、「人間は、リンゴを盗って食べたので、罪の子である」という性悪説を説いているわけです。

しかし、「そのために、未来永劫、永遠に罰される」というのは、信じがたい話です。（中略）

こういう、罰する神から、人間を罪の子とする思想が流れており、その思想から見て、一部の人からは、「『人間は神の子、仏の子』という考え方は、宗教全体を包括する考えではない」という言い方をされることもあります。

ただ、私は、それに対して異議を唱えます。それは違うのです。

その考え方の中心にあるのは、キリスト教の歴史のなかで、弟子あるいは教会筋がつくってきた神学なのです。基本的に私はそう見ています。

教会にとっては、人間が罪の子であるほうが都合がよいのです。そのほうが、教会は安定的に職業を維持することができるからです。

つまり、「病人がいれば、病院は安定的に経営を続けられる」ということと同じです。「人間が罪の子であれば、その人たちを回心させる仕事を続けることができる」ということが、この考え方の背後にあるように思います。

『宗教立国の精神』169‐171ページ

こうした「原罪思想」は、殺戮《さつりく》や強盗などの悪行《あくぎょう》が蔓延《まんえん》し、風紀が乱れているような社会においては、禅の一転語《いってんご》のように、人々に自分の心のなかの「悪」や「罪」に気付かせ、人を謙虚にさせ、反省を促す意義があったのかもしれません。しかしながら、原罪思想からは、「神仏の子」としての「人間の尊厳」が生まれてくることはありません。また、相手を尊ぶ「愛」の思想や、自らの「仏性《ぶっしょう》」を信じて、仏を目指して修行する「修行論」も生まれてきません。「人間、神の子」思想があってこそ、近代の人権思想が生まれ、近代民主主義が誕生したのです。このことについて、大川総裁は次のように指摘しています。

近代の憲法や法律を見れば、そこに流れている考え方は、「人間は罪の子である」という考え方とは、やはり違うと思うのです。

例えば、アメリカ合衆国憲法のもととなった、アメリカの独立宣言の文章を読むと、「自然と自然の神のさまざまな法則により」とあった上で、“all men are created equal”（すべての人間は平等につくられている）と書いてあります。「自然の神」（Nature's God）という言い方がされていますが、「人間は“equal”（平等）につくられている」と書いてあるのです。（中略）

アメリカの独立宣言やリンカンの演説にある、「人間は平等につくられている」という言葉のなかには、明らかに、「神の子としての本質、尊厳、そういう立派なものが人間のなかに宿っている」という思想が流れており、それが、キリスト教のなかにも入っていることは絶対に否定できないのです。

これを否定したら、近代の憲法や法律がすべて反故《ほご》になってしまいます。

（中略）

結局、近代のキリスト教国における「人権思想」というものは、日本で言う「人間は神の子、仏の子である」という考え方と同じものであり、表現が違うだけなのです。

『宗教立国の精神』171・175ページ

人を反省に導く「一転語」としての原罪思想はありえましょうが、本質的には人間を「神の子」「仏の子」として認める人間観を基本とすべきです。

「悟りを求める存在」としての人間

最後に、幸福の科学の「人間観」の根本問題を考察してみたいと思います。

第1章では、「人間とは、魂と肉体が合体した存在」であるという、大川総裁の「人間」に関する定義を紹介しましたが、さらに「人間学の根本問題」を考えるとき、幸福の科学教学には「人間は悟りを求める存在」だという「人間の定義」があります。大川総裁は『新・心の探究』で、「人間の条件」として、「悟りを求める存在」という釈迦の定義を挙げ、次のように述べています。

釈迦は考えに考えました。本来の人間とそうでない偽ものの人間というのがあると思う。どこがいったい違うのだろうか。釈迦の悟りによれば、本来の人間というものは、自由自在の人間であり、「思い即《そく》自分」、やはり考えること、思うこと、善なるものを自由自在に発揮できるのが本来の人間、美なるものを自由に発揮できるのが本来の人間、真理に則《そく》したものを、自由自在に発揮できるのが本来の人間。これが彼の考えた本来の人間でありました。

『新・心の探究』87ページ

すなわち、「人間とは何か」という本書のテーマを探究するならば、「人間は悟りを求める存在」というところまで、考察を深めていく必要があります。大川総裁は次のように述べています。

人間学を考える上では、「神、仏、究極の悟りとは何か」というところまで考えが及ばなければ、「人間学の根本問題」は探究できないと思っています。

『人間学の根本問題』132ページ

すなわち、「人間」の本質を探究するならば、「『一般人が理想あるいは目標とすべき、神近き人間。もう一段、上位に位置する人間』についての分析をすべき」（『人間学の根本問題』26ページ）であり、それゆえ、同書ではイエス・キリストと釈尊の「悟り」を比較分析しています。

同書では、さらに、「イエス・キリストの悟り」と「釈尊の悟り」とを融合する、「大川総裁の悟り」の高みが証《しょう》されています。

では、「幸福の科学の教え自体は、どのようなものなのか」というと、『太陽の法』に書いてあるように、「愛の発展段階説」が入っており、その段階で、私は、「キリストと仏陀を融合した思想」のようなものを考えていました。

つまり、「仏教の悟りには、レベルというか、段階のようなものがあるが、キリスト教の愛の思想も、『主を愛し、隣人を愛する』というだけでは足りなくて、やはり、そのなかに、『愛する愛』『生かす愛』『許す愛』『存在の愛』というレベルがあるのではないか。そして、それは、仏教的な悟りの段階と、きちんと対応しているのではないか」と考えたのです。

この「愛の発展段階説」という考え方は、私の「アイデア」というか、「ひらめき」としては、いちばん最初に出てきたものです。言葉としては、日蓮聖人から降ろされた霊示のなかで、「人を愛し、人を生かし、人を許せ」という言葉を教わっていたわけですが、それを考え、煮詰めていったものが、愛の発展段階説になっていったわけです。そのように、私は、「悟り」と「愛」の両方について、研究を続けてきました。

「悟りとは何か、そして、愛とは何かを考え、さらに、悟りと愛を、それぞれ探究し、実践しつつ、“Buddhaland《ブッダランド》 Utopia《ユートピア》”（仏国土《ぶっこくど》・ユートピア）を、どのようにつくっていくか。そうした、『愛と悟りとユートピア建設』が、幸福の科学の基本的に目指すところであり、基本教義、根本教義である」

そのような教えを、幸福の科学は打ち立てているわけです。

その意味では、「仏陀」と「キリスト」を併せて、さらに、今は、「日本神道やイスラム教、儒教、道教等もみんな吸い込んでいこう」と考えているところです。「地球的な意味での宗教であり、哲学でもある体系をつくり上げたい」と強く願っているわけです。

『人間学の根本問題』128‐130ページ

現在、キリスト教とイスラム教の対立に見られるように、世界宗教の対立が起こっています。こうした世界宗教を融合する「至高《しこう》の悟り」が示されることによって、宗教対立が解決され、世界平和が実現していくのです。

「宗派が違う」とか、「神様の名前が違う」とかいうような小さな宗教対立で、殺し合いをしたり、戦争をしたり、空爆をしたりするようなことが、今、中東でも、いろいろ起きていますが、「そうした、〝ささやか〟なぶつかり合いは、できれば終わりにしたい」と思っています。

例えば、「イスラエル 対 ガザ地区のハマスは、どちらが正しいのか」とか、そうした戦いもやっています。

もちろん、霊存在もたくさんいますので、今も、彼らを指導している者もいれば、過去に指導した者もいて、それらに個性の違いがあった可能性はあります。しかし、「彼らを指導していた者の上にある〝オリジナル・ワン〟は、一人なのだ。同じなのだ」ということを、私は申し上げたいのです。

その〝オリジナル・ワン〟の「エルの神」（エル・カンターレ）の名の下《もと》に、

やはり、和解し、調和し、共に暮らしていけるような話し合いをして、平和を築くべきだと思います。

この考え方が浸透していれば、ヒトラー的なユダヤ人の大量殺戮もなければ、日本神道に対する誤解の下に、アメリカが〝大量虐殺〟を日本に仕掛けるようなことも、おそらくなかったのではないでしょうか。

こうした「世界宗教性」を、今、完成させていきたいと考えています。

『人間学の根本問題』130・131ページ

「人間学の根本問題」を探究していくならば、その帰結は「エル・カンターレ」としての大川総裁の至高の悟りに到達していくこととなります。人類は、この〝オリジナル・ワン〟のエル・カンターレの名の下に、調和し、平和を築いていくべきです。人類が「人間学の根本問題」に対峙《たいじ》するとき、そこから人類の新しき文明が始まっていくのです。こうした「新文明の創造」こそ、幸福の科学大学の大いなる使命であると考えます。

（注1）過去世リーディングとは、六大神通力《ろくだいじんつうりき》の「宿命通《しゅくみょうつう》」に相当する高度な霊的能力で、特定の人の前世や前々世など、過去の転生を遡《さかのぼ》って見ること。

（注2）カルマ・リーディングとは、過去世のリーディングをすることで、現代の医療では原因不明とされる病気の真因や先天的な障害、度重なる不幸などの真因を探ること。

あとがき

本書を通じ、哲学、心理学、生物学といった多角的アプローチから、大川総裁が提示する「魂と肉体が合体した存在」としての「新しい人間観」を照射し、従来の「人間観」の限界、そして「新しい人間観」の必要性を論じてきました。

大川総裁は、『「人間学概論」講義』の「あとがき」で、「ある種の新しい哲学が説かれ始めたと言ってもよかろう。／私自身も、二千年、三千年の歴史の風雪の中で、砂に埋もれてしまったピラミッドを発掘している感慨に打たれている。（中略）／私は『幸福の科学』は新しい宗教であるとともに、新しい学問でもあり、新時代を創るための文明の開拓者でもあると考えている」と述べ、幸福の科学教学から、「新しい学問」「新しい文明」が始まっていくことを示唆《しさ》されています。

そうした意味で、現代は大きなパラダイム転換のときを迎えようとしています。幸福の科学大学は、こうした時代の転換期において、「幸福の探究と新文明の創造」という「建学の精神」を掲げ、「新文明の母胎」となることを目指しています。本書を通じ、その胎動を感じ取っていただけましたら幸いです。

本書の出版に当たっては、お忙しいなか、快く対談に臨んでいただきました伊藤淳氏、千田要一氏、木村貴好氏の3名の皆さまに心より感謝申し上げます。

そして、大川隆法・幸福の科学グループ創始者兼総裁のご指導の下《もと》、多くの方のお力添えをいただきましたことに深く感謝申し上げます。

2014年9月22日

学校法人幸福の科学学園
理事・幸福の科学大学人間幸福学部長候補　黒川白雲

参考文献

第1章
大川隆法．（2014）．究極の国家成長戦略としての「幸福の科学大学の挑戦」．幸福の科学出版．

――――．（2001）．奇跡の法．幸福の科学出版．

――――．（2013）．新しき大学の理念．幸福の科学出版．

――――．（2014）．幸福学概論．幸福の科学出版．

――――．（2014）．「人間学概論」講義．幸福の科学出版．

――――．（2012）．不滅の法．幸福の科学出版．

福沢諭吉．（2009）．学問のすすめ．（加賀義　訳）．幸福の科学出版．

アリストテレス．（2009）．ニコマコス倫理学（上）．（高田三郎　訳）．岩波文庫．

西田幾多郎．（1979）．善の研究．岩波文庫．

第2章

大川隆法．（2014）．「人間学概論」講義．幸福の科学出版．

――――．（2011）．黄金の法．幸福の科学出版．

――――．（2014）．幸福学概論．幸福の科学出版．

――――．（2011）．太陽の法．幸福の科学出版．

――――．（2014）．西田幾多郎の「善の研究」と幸福の科学の基本教学「幸福の原理」を対比する．幸福の科学出版．

――――．（2013）．新しき大学の理念．幸福の科学出版．

――――．（1990）．ユートピアの原理．幸福の科学出版．

――――．（2014）．法哲学入門．幸福の科学出版．

プラトン．（1998）．パイドン．（岩田靖夫　訳）．岩波文庫．

プラトン．（2007）．ソクラテスの弁明・クリトン．（久保勉　訳）．岩波文庫．

アリストテレス．（2009）．ニコマコス倫理学（上）．（高田三郎　訳）．岩波文庫．

アリストテレス．（2009）．ニコマコス倫理学（下）．（高田三郎　訳）．岩波文庫．

エピクロス．（1959）．エピクロス．（出隆＋岩崎允胤　訳）．岩波文庫．

金森誠也．（2008）．「霊界」の研究．ＰＨＰ文庫．

アリストテレス．（1961）．政治学．（山本光雄　訳）．岩波文庫．

アレント，ハンナ．（1994）．人間の条件．（志水速雄　訳）．ちくま学芸文庫．

アクゼル，アミール・Ｄ．（2006）．デカルトの暗号手稿．（水谷淳　訳）．早川書房．

デカルト．（1997）．方法序説．（谷川多佳子　訳）．岩波文庫．

カント．（1961）．純粋理性批判（中）．（篠田英雄　訳）．岩波文庫．

カント．（2013）．カント「視霊者の夢」．（金森誠也　訳）．講談社学術文庫．

カント．（1979）．実践理性批判．（波多野精一＋宮本和吉＋篠田英雄　訳）．岩波文庫．

西田幾多郎．（1979）．善の研究．岩波文庫．

第3章

大川隆法．（2014）．「人間学概論」講義．幸福の科学出版．

―――．（2014）．「幸福の心理学」講義．幸福の科学出版．

―――．（2014）．幸福の科学大学創立者の精神を学ぶⅠ（概論）．幸福の科学出版．

―――．（2014）．「ユング心理学」を宗教分析する．幸福の科学出版．

―――．（2013）．フロイトの霊言．幸福の科学出版．

―――．（2008）．生命の法．幸福の科学出版．

―――．（2014）．「宇宙人によるアブダクション」と「金縛り現象」は本当に同じか．幸福の科学出版．

―――．（2007）．復活の法．幸福の科学出版．

―――．（2011）．太陽の法．幸福の科学出版．

―――．（1995）．仏陀の証明．幸福の科学出版．

―――．（2004）．幸福の法．幸福の科学出版．

――――．（1999）．永遠の仏陀．幸福の科学出版．

――――．（1996）．幸福への方法．幸福の科学出版．

――――．（2014）．幸福学概論．幸福の科学出版．

樺旦純．（2002）．人はなぜ「占い」や「超能力」に魅かれるのか．PHP研究所．

ブラム，デボラ．（2010）．幽霊を捕まえようとした科学者たち．（鈴木恵　訳）．文春文庫．

アレクザンダー，エベン．（2013）．プルーフ・オブ・ヘヴン（白川貴子　訳）．早川書房
矢作直樹．（2011）．人は死なない．バジリコ．

ユング，カール・グスタフ．（1973）．ユング自伝2．（ヤッフェ　編）．（河合隼雄＋藤縄昭＋出井淑子 訳）．みすず書房．

秋山さと子．（1991）．悟りの分析．PHP文庫．

ユング，カール・グスタフ．（1975）．人間と象徴 下巻．（河合隼雄　訳）．河出書房新社．

稲垣勝巳．（2010）．「生まれ変わり」が科学的に証明された！．ナチュラルスピリット．

ウィルソン，コリン．（１９９１）．コリン・ウィルソンの「来世体験」．（荒俣宏 監修解説）．（梶元靖子 訳）．三笠書房．

ユング，カール・グスタフ．（１９７２）．ユング自伝１．（ヤッフェ 編）．（河合隼雄＋藤縄昭＋出井淑子 訳）．みすず書房．

ベルクソン，アンリ．（２００７）．物質と記憶．（合田正人＋松本力 訳）．ちくま学芸文庫．

千田要一．（２０１１）．幸せな未来をつくるポジティブ心理学．アーク出版．

ホフマン，エドワード．（１９９５）．真実の人間．（上田吉一 訳）．誠信書房．

千田要一．（２０１２）．幸福感の強い人、弱い人．幸福の科学出版．

千田要一．（２０１２）．現世療法．クラブハウス．

Pim van Lommel, Ruud van Wees, Vincent Meyers, Ingrid Elfferich.（2001）Near-Death Experience in Survivors of Cardiac Arrest: A Prospective Study in the Netherlands. THE LANCET, vol 358.

Charles Darwin.（2008）.The Life and Letters of Charles Darwin, vol 2. Ed. Francis

Darwin. DODO PRESS.

Koenig, Harold G. (2012) . Handbook of Religion and Health, Second Edition. Oxford University Press.

David, Susan. A., Boniwell, Ilona., Ayers, Amanda Conley. (2013) . The Oxford Handbook of Happiness. OXFORD UNIVERSITY PRESS.

Diener, E., Suh, E.M., Lucas, R.E., Smith, H.L. (1999) Subjective Well-being: Three Decades of Progress. PSYCHOLOGICAL BULLETIN, VOL 125.

Diener, E., Seligman, M. E. P. (2004) . Beyond Money toward an Economy of Well-being. PSYCHOLOGICAL SCIENCE IN THE PUBLIC INTEREST, 5 (1) .

Helliwell, J. F. (2003) . How's Life? Combining Individual and National Variables to Explain Subjective Well-being. ECONOMIC MODELLING, VOL 20.

第4章

大川隆法．（2014）．「人間学概論」講義．幸福の科学出版．

――――．（2014）．「人間幸福学」とは何か．幸福の科学出版．

――――．（2014）．幸福の科学大学創立者の精神を学ぶI（概論）．幸福の科学出版．

――――．（1997）．ユートピア創造論．幸福の科学出版．

――――．（2012）．進化論―150年後の真実．幸福の科学出版．

――――．（2004）．永遠の生命の世界．幸福の科学出版．

――――．（2008）．「幸福の法」講義①．幸福の科学．

デカルト．（1974）．方法序説・情念論．（野田又夫　訳）．中公文庫．

アリストテレス．（1961）．政治学．（山本光雄　訳）．岩波文庫．

アリストテレス．（2001）．魂について．（中畑正志　訳）．京都大学学術出版会．

パターソン，フランシーヌ．（2002）．ココ―ゴリラと子ネコの物語．（宮木陽子　訳）．

あかね書房．

ベコフ，マーク．（2014）．動物たちの心の科学．（高橋洋　訳）．青土社．

King, Barbara. J.（2013）. How Animals Grieve. THE UNIVERSITY OF CHICAGO PRESS.

NHKスペシャル取材班．（２０１４）．ヒューマン なぜヒトは人間になれたのか．角川文庫．

ゲーテ．（１９８２）．自然と象徴．（高橋義人　編訳，前田富士男　訳）．冨山房百科文庫．

今西錦司．（１９８４）．自然学の提唱．講談社．

ドーキンス，リチャード．（２００４）．盲目の時計職人．（日高敏隆　監修，中嶋康裕＋遠藤彰＋遠藤知二＋疋田努　訳）．早川書房．

ダーウィン．（１９９０）．種の起原（上）．（八杉龍一　訳）．岩波文庫．

ウオレス，A・R．（１９４２）．生物の世界．（赤木春之　訳）．東江堂．

第5章

大川隆法．（２０１４）．ソクラテスの幸福論．幸福の科学出版．

――――．（２０１４）．人間学の根本問題．幸福の科学出版．

――――．（2013）．新しき大学の理念．幸福の科学出版．

――――．（2011）．黄金の法．幸福の科学出版．

――――．（2012）．不滅の法．幸福の科学出版．

――――．（2014）．「幸福の心理学」講義．幸福の科学出版．

――――．（1995）．信仰告白の時代．幸福の科学出版．

――――．（2014）．比較宗教学から観た「幸福の科学」学・入門．幸福の科学出版．

――――．（1994）．理想国家日本の条件．幸福の科学出版．

――――．（2010）．宗教立国の精神．幸福の科学出版．

――――．（1989）．新・心の探究．幸福の科学出版．

プラトン．（1975）．プラトン全集1．（松永雄二他　訳）．岩波書店．

ホッブズ．（1979）．世界の名著28．（永井道雄＋宗片邦義　訳）．中央公論社．

ホッブズ．（2004）．市民論．（工藤喜作　訳）．目白大学．

デカルト．（1978）．世界の名著27．（野田又夫他　訳）．中央公論社．

シュヴァリエ，ジャック．（2008）．ベルクソンとの対話．（仲沢紀雄　訳）．みすず書房．

ポパー，カール．（1980）．開かれた社会とその敵（上）．（内田詔夫＋小河原誠　訳）．未来社．

キッペス，ヴァルデマール．（2012）．スピリチュアルケア．サンパウロ．

秋月龍珉．（1993）．誤解だらけの仏教．柏樹社．

秋月龍珉．（1978）．秋月龍珉著作集1．三一書房．

共同訳聖書実行委員会．（1988）．聖書　新共同訳．日本聖書協会．

和田幹男他．（1994）．宗教の人間学．世界思想社．

著者＝**黒川白雲**（くろかわ・はくうん）

1966年生まれ。兵庫県出身。1989年早稲田大学政治経済学部政治学科卒業。同年東京都庁入庁。1991年より幸福の科学に奉職。指導局長、活動推進局長、人事局長等を経て、2014年、東洋大学大学院経済学研究科卒業。現在、学校法人幸福の科学学園理事・幸福の科学大学人間幸福学部長候補。幸福の科学本部講師。著書に『知的幸福整理学』『比較幸福学の基本論点』（幸福の科学出版）、『人間幸福学に関する序論的考察』『幸福の科学教祖伝及び初期教団史に関わる史的考察』（人間幸福学叢書）、共著に『国難に備えよ』『日本経済再建宣言』（幸福の科学出版）等がある。

人間とは何か

—幸福の科学教学の新しい地平—

2014年 10月 3日 初版第1刷
2014年 10月 30日 第2刷

著　者　黒川 白雲
発行者　本地川 瑞祥
発行所　幸福の科学出版株式会社
〒107-0052　東京都港区赤坂2丁目10番14号
TEL（03）5573-7700
http://www.irhpress.co.jp/

印刷・製本　株式会社 堀内印刷所

落丁・乱丁本はおとりかえいたします

ISBN978-4-86395-561-5 C0030

大川隆法ベストセラーズ・幸福の科学「大学シリーズ」

「人間幸福学」とは何か

人類の幸福を探究する新学問

「人間の幸福」という観点から、あらゆる学問を再検証し、再構築する——。数千年の未来に向けて開かれていく学問の源流がここにある。

1,500円

「人間学概論」講義

人間の「定義と本質」の探究

人間は、何のために社会や国家をつくっているのか。人間は、動物やロボットと何が違うのか。「人間とは何か」の問いに答える衝撃の一書。

1,500円

人間学の根本問題

「悟り」を比較分析する

イエスと釈尊の悟りを比較し、分析する。西洋と東洋の宗教文明を融合し、違いを乗り越えて、ユートピアを建設するための方法が論じられる。

1,500円

※表示価格は本体価格（税別）です。

大川隆法ベストセラーズ・幸福の科学「大学シリーズ」

幸福学概論

個人の幸福から企業・組織の幸福、そして国家と世界の幸福まで、1600冊を超える著書で説かれた縦横無尽な「幸福論」のエッセンスがこの一冊に！

1,500円

「幸福の心理学」講義

相対的幸福と絶対的幸福

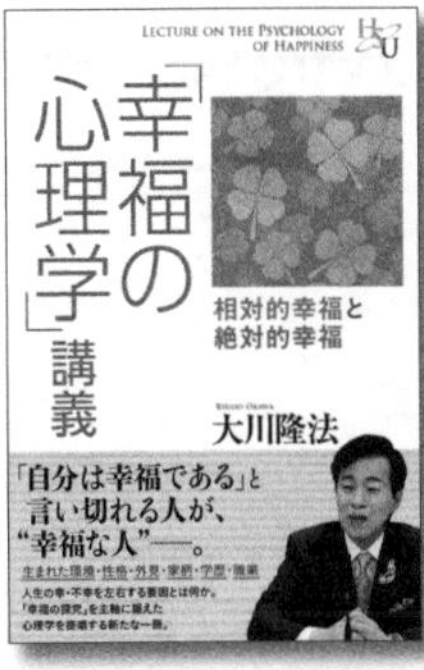

現在の心理学は、不幸の研究に基づいているが、万人に必要なのは、幸福になれる心理学。「絶対的幸福」を実現させる心理学に踏み込んだ一書。

1,500円

「比較幸福学」入門

知的生活という名の幸福

ヒルティ、アラン、ラッセル、エピクテトス、マルクス・アウレリウス、カント——知的生活を生きた彼らを比較分析し、「幸福」を探究する。

1,500円

幸福の科学出版

大川隆法ベストセラーズ・幸福の科学「大学シリーズ」

「成功の心理学」講義

成功者に共通する「心の法則」とは何か

「成功の心理学」を学ぶかどうかで、その後の人生が大きく分かれる！　「心のカーナビ」を身につけ、「成功の地図」を描く方法とは？

1,500円

人間にとって幸福とは何か

本多静六博士スピリチュアル講義

さまざまな逆境や試練を乗り越えて億万長者になった本多静六博士が現代人に贈る、新しい努力論、成功論、幸福論。

1,500円

「ユング心理学」を宗教分析する

「人間幸福学」から見た心理学の功罪

なぜユングは天上界に還ったのか。どうしてフロイトは地獄に堕ちたのか。分析心理学の創始者が語る、現代心理学の問題点とは。

1,500円

※表示価格は本体価格（税別）です。

大川隆法ベストセラーズ・幸福の科学「大学シリーズ」

「幸福の科学教学」を学問的に分析する

教義の全体像を示す「基本三部作」や「法シリーズ」、「公開霊言」による多次元的な霊界の証明。現在進行形の幸福の科学教学を分析する。

1,500円

西田幾多郎の「善の研究」と幸福の科学の基本教学「幸福の原理」を対比する

既存の文献を研究するだけの"二番煎じ"の学問はもはや意味がない。オリジナルの根本思想「大川隆法学」の原点。

1,500円

幸福の科学の基本教義とは何か

真理と信仰をめぐる幸福論

本当の幸福とは何か。永遠の真理とは? 信仰とは? 総裁自らが説き明かす未来型宗教を知るためのヒント。

1,500円

※表示価格は本体価格(税別)です。

大川隆法ベストセラーズ・幸福の科学「大学シリーズ」

究極の国家成長戦略としての「幸福の科学大学の挑戦」

大川隆法 vs. 木村智重・九鬼一・黒川白雲

世界の人々を幸福にする学問を探究し、
人類の未来に貢献する人材を輩出する——
見識豊かな大学人の挑戦が始まった！

1,500円

幸福の科学大学創立者の精神を学ぶⅠ（概論）

宗教的精神に基づく学問とは何か

財政悪化を招く現在の経済学に、戦後
教育の自虐史観……。諸学問を再構成し、
新しい未来を創造する方法を示す。

1,500円

幸福の科学大学創立者の精神を学ぶⅡ（概論）

普遍的真理への終わりなき探究

学問の本質とは、「知を愛する心」。知識
量の増大と専門分化が進む現代において、
本質を見抜く、新しい学問とは。

1,500円

■ 大学の未来が見える。九鬼一著作

新しき大学と
ミッション経営

出版不況のなか、２年間で売上５割増、経常利益 2.7 倍を成し遂げた著者が語るミッション経営の極意。経営を成功させるための「心」の使い方を明かす。

1,200 円

幸福の科学大学の
目指すもの

ザ・フロンティア・スピリット

既存の大学に対する学生の素朴な疑問、経営成功学部とＭＢＡの違い、学問の奥にある「神の発明」など、学問の常識を新しくする論点が満載。

1,200 円

大学教育における
信仰の役割

宗教教育だからこそ、努力を惜しまない有用な人材を育てることができる。著者と４人の学生が、未来を拓く教育について熱く議論を交わした座談会を収録。

1,200 円

Noblesse《ノーブレス》 Oblige《オブリージ》 「高貴なる義務」を果たす、「真のエリート」を目指せ。

幸福の科学学園
中学校・高等学校（那須本校）

Happy Science Academy Junior and Senior High School

私は、
教育が人間を創ると
信じている一人である。
若い人たちに、
夢とロマンと、精進、
勇気の大切さを伝えたい。
この国を、全世界を、
ユートピアに変えていく力を
出してもらいたいのだ。

（幸福の科学学園 創立記念碑より）

幸福の科学学園 創立者
大川隆法

幸福の科学学園（那須本校）は、幸福の科学の教育理念のもとにつくられた、男女共学、全寮制の中学校・高等学校です。自由闊達な校風のもと、「高度な知性」と「徳育」を融合させ、社会に貢献するリーダーの養成を目指しており、2014年4月には開校四周年を迎えました。

幸福の科学学園・教育の特色

「徳ある英才」の創造

教科「宗教」で真理を学び、行事や部活動、寮を含めた学校生活全体で実修して、ノーブレス・オブリージ（高貴なる義務）を果たす「徳ある英才」を育てていきます。

体育祭

天分を伸ばす「創造性教育」

教科「探究創造」で、偉人学習に力を入れると共に、日本文化や国際コミュニケーションなどの教養教育を施すことで、各自が自分の使命・理想像を発見できるよう導きます。さらに高大連携教育で、知識のみならず、知識の応用能力も磨き、企業家精神も養成します。芸術面にも力を入れます。

探究創造科発表会

一人ひとりの進度に合わせた「きめ細やかな進学指導」

熱意溢れる上質の授業をベースに、一人ひとりの強みと弱みを分析して対策を立てます。強みを伸ばす「特別講習」や、弱点を分かるところまでさかのぼって克服する「補講」や「個別指導」で、第一志望に合格する進学指導を実現します。

授業の様子

自立心と友情を育てる「寮制」

寮は、真なる自立を促し、信じ合える仲間をつくる場です。親元を離れ、団体生活を送ることで、縦・横の関係を学び、力強い自立心と友情、社会性を養います。

毎朝夕のお祈りの時間

幸福の科学学園の進学指導

1 英数先行型授業

受験に大切な英語と数学を特に重視。「わかる」(解法理解)まで教え、「できる」(解法応用)、「点がとれる」(スピード訓練)まで繰り返し演習しながら、高校三年間の内容を高校二年までにマスター。高校二年からの文理別科目も余裕で仕上げられる効率的学習設計です。

2 習熟度別授業

英語・数学は、中学一年から習熟度別クラス編成による授業を実施。生徒のレベルに応じてきめ細やかに指導します。各教科ごとに作成された学習計画と、合格までのロードマップに基づいて、大学受験に向けた学力強化を図ります。

3 基礎力強化の補講と個別指導

基礎レベルの強化が必要な生徒には、放課後や夕食後の時間に、英数中心の補講を実施。特に数学においては、授業の中で行われる確認テストで合格に満たない場合は、できるまで徹底した補講を行います。さらに、カフェテリアなどでの質疑対応の形で個別指導も行います。

4 特別講習

夏期・冬期の休業中には、中学一年から高校二年まで、特別講習を実施。中学生は国・数・英の三教科を中心に、高校一年からは五教科でそれぞれ実力別に分けた講座を開講し、実力養成を図ります。高校二年からは、春期講習会も実施し、大学受験に向けて、より強化します。

5 幸福の科学大学(仮称・設置認可申請中)への進学

二〇一五年四月開学予定の幸福の科学大学への進学を目指す生徒を対象に、推薦制度を設ける予定です。留学用英語や専門基礎の先取りなど、社会で役立つ学問の基礎を指導します。

授業の様子

詳しい内容、パンフレット、募集要項のお申し込みは下記まで。

幸福の科学学園 関西中学校・高等学校

〒520-0248
滋賀県大津市仰木の里東2-16-1
TEL.077-573-7774
FAX.077-573-7775
[公式サイト]
www.kansai.happy-science.ac.jp
[お問い合わせ]
info-kansai@happy-science.ac.jp

幸福の科学学園 中学校・高等学校

〒329-3434
栃木県那須郡那須町梁瀬 487-1
TEL.0287-75-7777
FAX.0287-75-7779
[公式サイト]
www.happy-science.ac.jp
[お問い合わせ]
info-js@happy-science.ac.jp

仏法真理塾

サクセスNo.1

未来の菩薩を育て、仏国土ユートピアを目指す！

サクセスNo.1 東京本校（戸越精舎内）

仏法真理塾「サクセスNo.1」とは

宗教法人幸福の科学による信仰教育の機関です。信仰教育・徳育にウエイトを置きつつ、将来、社会人として活躍するための学力養成にも力を注いでいます。

「サクセスNo.1」のねらいには、「仏法真理と子どもの教育面での成長とを一体化させる」ということが根本にあるのです。

大川隆法総裁　御法話『サクセスNo.1』の精神」より

仏法真理塾「サクセスNo.1」の教育について

信仰教育が育む健全な心

御法話拝聴や祈願、経典の学習会などを通して、仏の子としての「正しい心」を学びます。

学業修行で学力を伸ばす

忍耐力や集中力、克己心を磨き、努力によって道を拓く喜びを体得します。

法友との交流で友情を築く

塾生同士の交流も活発です。お互いに信仰の価値観を共有するなかで、深い友情が育まれます。

●サクセスNo.1は全国に、本校・拠点・支部校を展開しています。

東京本校
TEL.03-5750-0747　FAX.03-5750-0737

名古屋本校
TEL.052-930-6389　FAX.052-930-6390

大阪本校
TEL.06-6271-7787　FAX.06-6271-7831

京滋本校
TEL.075-694-1777　FAX.075-661-8864

神戸本校
TEL.078-381-6227　FAX.078-381-6228

西東京本校
TEL.042-643-0722　FAX.042-643-0723

札幌本校
TEL.011-768-7734　FAX.011-768-7738

福岡本校
TEL.092-732-7200　FAX.092-732-7110

宇都宮本校
TEL.028-611-4780　FAX.028-611-4781

高松本校
TEL.087-811-2775　FAX.087-821-9177

沖縄本校
TEL.098-917-0472　FAX.098-917-0473

広島拠点
TEL.090-4913-7771　FAX.082-533-7733

岡山本校
TEL.086-207-2070　FAX.086-207-2033

北陸拠点
TEL.080-3460-3754　FAX.076-464-1341

大宮拠点
TEL.048-778-9047　FAX.048-778-9047

全国支部校のお問い合わせは、
サクセスNo.1 東京本校（TEL. 03-5750-0747）まで。
メール info@success.irh.jp

エンゼルプランV

信仰教育をベースに、知育や創造活動も行っています。

信仰に基づいて、幼児の心を豊かに育む情操教育を行っています。また、知育や創造活動を通して、ひとりひとりの子どもの個性を大切に伸ばします。お母さんたちの心の交流の場ともなっています。

TEL 03-5750-0757　FAX 03-5750-0767
メール angel-plan-v@kofuku-no-kagaku.or.jp

ネバー・マインド

不登校の子どもたちを支援するスクール。

「ネバー・マインド」とは、幸福の科学グループの不登校児支援スクールです。「信仰教育」と「学業支援」「体力増強」を柱に、合宿をはじめとするさまざまなプログラムで、再登校へのチャレンジと、進路先の受験対策指導、生活リズムの改善、心の通う仲間づくりを応援します。

TEL 03-5750-1741　FAX 03-5750-0734
メール nevermind@happy-science.org

ユー・アー・エンゼル！（あなたは天使！）運動

障害児の不安や悩みに取り組み、ご両親を励まし、勇気づける、障害児支援のボランティア運動です。学生や経験豊富なボランティアを中心に、全国各地で、障害児向けの信仰教育を行っています。保護者向けには、交流会や、医療者・特別支援教育者による勉強会、メール相談を行っています。

TEL 03-5750-1741　FAX 03-5750-0734
メール you-are-angel@happy-science.org

シニア・プラン21

生涯反省で人生を再生・新生し、希望に満ちた生涯現役人生を生きる仏法真理道場です。週1回、開催される研修には、年齢を問わず、多くの方が参加しています。現在、全国8カ所（東京、名古屋、大阪、福岡、新潟、仙台、札幌、千葉）で開校中です。

東京校 TEL 03-6384-0778　FAX 03-6384-0779
メール senior-plan@kofuku-no-kagaku.or.jp